吉田典生

心に静寂をつくる練習

The Power Of Stillness
For Business Person

グーグル本社が本気で取り組む、「立ち止まる《SPACE》習慣」

WAVE出版

序　章

結果を出しつづけるための静寂

「なにもしないスキル」を磨く

「SPACE《スペース》」。

シリコンバレー[*]で活躍する経営者や人材開発リーダーたちが、口をそろえて唱えている言葉です。

SPACE《スペース》とは、24時間オンラインの忙しい世界で、物理的にも心理的にも、しっかり立ち止まる空間を意味しています。これが本書のテーマである静寂への入り口です。

世界でもっとも忙しい人たちの集まっているビジネスエリアが、世界でもっとも〝立ち止まる時間〟を大切にしている場所であること。

それを私はここ3年来、現地を何度も訪ね、グーグルやリンクトインなど代表的IT企業の人々と交流するなかで強く実感してきました。

とても象徴的なイベントがあります。彼の地で毎年2月に開催されるWisdom2・0カンファレンスです。日進月歩のテクノロジーと共存しながら、いかによりよい世界をつくっていくかを探る3000人規模のイベントです。

サンフランシスコのダウンタウンで3日間にわたって開催されるカンファレンスには、著名なビジネスリーダーや科学者、哲学者、宗教家、社会活動家などが一同に会します。そして閉塞感の漂う世界において、テクノロジーのはたす役割と人間の可能性、その共存と協働について語り合います。

会議のさまざまな局面で、一緒に瞑想をする時間があります。

瞑想という手段を通して心に静寂をつくることで、マインドフルネス（いまここで起きていることへの注意深さ）を磨き、人々の英知を解き放とうとしているかのようです。

＊米国サンフランシスコ郊外のIT企業が集積するエリア

いちばん重要なことは、これがイベントに合わせた単なる仕掛けではないということです。

多忙で社会的影響力の大きい人ほど、瞑想を宗教的な信仰には関わりなく、パフォーマンス維持のための日常的エクササイズとして受けとめています。**あわただしい日常のなかで、「心に静寂をつくる」ことを通して、集中力や思考の柔軟性などを鍛えている**のです。

グローバルに活躍するビジネスリーダーといえば、スーパーマン的な「できる人」というイメージを抱く人が多いかもしれません。しかし私が現地で感じた一見スーパーマンである彼らの他者との違いは、**どんなに忙しくても心身のSPACE《スペース》を確保し、静寂をつくるスキルをもっている**ことです。

常に「なにもしない」スキルを磨いているのです。

優れたリーダーの常識

なにもしないスキルが必要なのは、私たちがいつもなにかを考えているからです。無意識に下している判断を含めると、1日に3万回以上も意思決定をしています。これは睡眠時間を8時間とした場合の、1日のまばたきの数（2万回弱）を上回っています。

認知心理学者でベストセラー作家でもあるダニエル・レビティン氏は、「**1日に決めなければならない事柄が多すぎることが、仕事の生産性とモチベーション低下の要因**」と語っています。「忙しいからしかたがない」とばかりに考えつづけていると、「**重要なことと、重要ではないことの区別もむずかしくなる**」そうです。氏はこうしたトピックについて、グーグル社内でも教えています。

スティーブ・ジョブズがいつも同じ黒のタートルネックにジーンズ、スニーカーというスタイルだったことは有名ですね。じつはオバマ大統領も毎日ほぼ同じ色のスーツを愛用しており、その理由を関連する研究論文から引用して「**どんな単純な意思決定でも、そのあとの判断の質を下げる要因になる**」と説明しています。

要するに洋服の選択などの「考えなくてもいいこと」は考えないようにして、判断事項を減らすことに配慮しているのです。これは、脳のクールダウンにもなります。

私たちは加速するテクノロジー時代を生きていくなかで、多量の情報と向き合わなければなりません。参考にすべきは、世界でもっとも膨大かつ重大な情報に日々直面しているリーダーたちが、**決めるべきことを減らして、脳をクールダウンすることを大切にしている**という点です。

私は、もともとビジネス情報誌の編集記者をしていました。

１０００人を超える経営者の取材をするなかで、「人がそれぞれ能力を開花させ、ほんとうに輝く組織づくり」に深い興味をおぼえ、経営者のリーダーシップ支援の会社を立ち上げたのが、２０００年のことです。

他方、個人的に20代後半からさまざまな瞑想を実践し、それが心身のメンテナンスとパフォーマンスの維持・向上に欠かせない、という感触をもっていました。さらに、世界のリーダーたちの多くが瞑想や禅の知識を取り入れ、実践していることを知ったのです。

起きてくることを、ただ眺める

話をもういちど「ＳＰＡＣＥ《スペース》」にもどしましょう。ＳＰＡＣＥ《スペース》とは物理的、心理的に立ち止まる空間だと言いましたが、さらにつづきがあります。

立ち止まることによって、私たちははじめて「立ち止まれていない状況」に気づきます。走るのをやめても心臓がドキドキ脈打っているのと同じように、静かにしているつもりでも、あちこちに考えがめぐり、感情が湧いてくるのを確認できるはずです。

「立ち止まる」とは、起きていることを「ただ眺める」ということです。この、じっと眺めている状態こそが、本書のテーマである静寂なのです。

・**いつも最適の状態で大事な判断や意思決定をしていく**

・**大事なことをするにはふさわしくない状態に気づく**

そのために、この「眺めている」状態を体験、習慣に落とし込んでいくことの価値は絶大です。

精神世界の指導者として有名な米国人女性ガンガジ（本名はアントワネット・ロバートソン・ヴァーナー。ガンガジという名前はインドの師に与えられた名前で、ガンジス川の女性名詞）は、著書のなかで次のように述べています。

すべての状態には、始まりがあり、経過があり、そして終わりがあります。それは、幸福だったり悲しかったり、非日常的だったり日常的だったり、高揚していたり沈滞していたりします。けれども、状態とは無関係の存在、それが**すなわち**じっとして動かない静寂です。意識とは**すなわち**静寂です。そしてあなたはすでに、この静寂なのです。

(『ポケットの中のダイヤモンド　—あなたの真の輝きを発見する』ガンガジ著/三木直子訳/ナチュラルスピリット)

静寂が働き方を根本から変える

ほんとうの自分は静寂そのものなのだというのが、ガンガジのメッセージです。ですから「心に静寂をつくる練習」とは、本質的には自分を思い出す練習であり、喧噪のなかでも自分を取りもどせるようにする練習です。

ガンガジの「あなたは静寂そのものだ」という意味を、ふだん忙しく働きながらリアルに感じるのはむずかしいかもしれません。だからあえて本書では、静寂を「つくる」という表現を使っています。しかしけっして外から与えられるものとは思わないでください。

ほんらい「ここ」にある静寂に向けて、まず「立ち止まる」という、できそうでできない第一歩から1章をはじめたいと思います。

さらに、忙しいビジネスパーソンが軽視しがちな「身体」というリアルな観点から、静寂をつくるためのアイデアを広げていくのが2章です。

つづけて3章では、立ち止まって現れてくることに、しっかりと気づく心であるための練習をしていきます。

そして4章では、心身一如（心と身体はひとつ）をビジネスのオンタイムでも実践していくために、パフォーマンスに重大な影響をもたらす呼吸とマインドフルネスを取り上げていきます。

こうした流れを総ざらいしていくのが5章。

とにかく頭でっかちにならず、経験を思い起こしながら、ちょっと試しながら、身体で感じながら読んでいただける本にしたいと思って書きました。

全体構成のイメージは以上ですが、**どこから読みはじめてもらっても大丈夫です**。もくじを見てひらめいたところから読んでみてください。特にどこからということがなければ、ひとまず順番にページをめくってみてください。

人工知能が人間の脳を凌駕しはじめているいま。多くの職業が人の手を離れ、仕事がなくなることも予測されています。

私たちデジタル世代が、人間として結果を出していくためには、有機物で構成された肉体や不合理な感情の深い作用に気づく必要があります。

そもそも人間とは何者なのか、生き物であるとはなにを意味するのか。

そして、この世界にいったいなにを遺《のこ》していきたいのか。

これまでのビジネスのトレーニングでは、けっして扱われなかったような問いを、探求する時期にきているのではないでしょうか。

必死でがんばっているけれど、うまくいかない。
以前のやり方では成果が出なくなった。
なにかが違う気がするけれど具体的な解決策が見えてこない。
いちど、ゼロベースで働き方を考え直してみたい。
まわりの変動が激しく先行き不透明。

複雑に問題が入り組んでいて、正解はおろか問題の特定すらむずかしい時代。
そんな世界で生きる私たちにこそ開かれているのが、働き方を根本から変えていく「静寂への扉」です。

第2章 眠っている身体の知性を磨く練習

第3章 いつもザワザワしている心を照らす練習

第4章 仕事の質を高める呼吸の練習

第5章 ハードワークの渦中でも静寂とともにいる練習

装幀：松田行正＋日向麻梨子　イラスト：白井匠
DTP：つむらともこ　校正：小倉優子
企画・編集：飛田淳子

第1章

どんなに忙しくても立ち止まる練習

脳をまばたきさせる

はじめにひとつ提案です。

朝の出勤途中、今日のお昼休み、営業先から帰社する途中。

一時的にスマホの電源をオフにして、公園のベンチで緑の景色や噴水を眺めてみてください。10分でかまいません。

ただ「ぼーっ」とくつろいでみてください。

くつろぎのモードに入ったとき、自律神経のスイッチが、パチンと切り替わる瞬間をすこしだけ意識してほしいのです。

忙しく動き回っているときに作動していた交感神経がオフになり、副交感神経が作動します。

精神が鎮静化し、副交感神経が働き出すと、脳のさまざまな場所が連動しはじめます。これはＤＭＮ（デフォルトモード・ネットワーク）と呼ばれる脳神経の連携で、なにかに集中しているときにはオフになっています。

反対に「ぼーっ」としているようなときに活性化します。

ＤＭＮが働きはじめると、いわゆるひらめきのようなことが起きやすくなります。ひらめきに関する研究では、ふとアイデアが湧くときは一時的に脳の視覚野（視覚情報を司る大脳皮質の部位）が閉じることがわかっています。

これを〝脳のまばたき〟と呼びます。

落ち着きを取りもどして副交感神経が働く状態になると、考えが整理されたり、あるアイデアと別のアイデアがつながったりする確率は非常に高いのです。

思い出してほしいのは就寝前のくつろいだ瞬間、お風呂のなか、カフェでひといき……といった場面です。

こういうときに、いい考えが湧いてきた経験が、あなたにもあるのではないでしょうか。

刺激に満ちた脳が静まることによって、生き物としての私たちの眠っている能力が目覚めるのかもしれません。

私や仲間の経験として、坐禅や瞑想中にアイデアが湧いてくることがよくあります。

アイデアを出そうとしていないのに、アイデアが向こうから近づいてくる感じです。

単に「ぼーっ」とすることで、行き詰まっている仕事の突破口が開かれるかもしれないのです。

ただし「ぼーっ」とすることに罪悪感があると、緊張やストレスを引きずっている証拠ですから脳のまばたきは起きにくいでしょう。

いかに自然に、無理なく、「ぼーっ」とできるかが鍵です。

ただ黙って、「ぼーっ」としている練習

「ぼーっ」とすることに引け目を感じないようにするために（たとえ仕事中でも！）、まずはこれを簡単なワークにしてみましょう。

5分間、ただ黙ってぼーっとしていてください。退屈だからといって、羊が1匹、羊が2匹……とか数えないように。それではぼーっとではなく、作業をしていることになりますから。

いったん本書を脇に置いてください。

そして時計かスマホのアラーム機能を使って、5分後に合図が鳴るように設定してください。アラームが使えなければ、おおよその時間でもOKです。

そして5分間、ただ黙ってぼーっとしている……。

試してほしいのは、それだけです。もしいますぐ試せる状況なら、この

ワークを終えてから先を読み進めてください（いま試せない方も、ぜひ機会をつくってみてください）。

実際にやってみると、ワーク中の状態は大きくふたつに分かれるはずです。ひとつは次第に眠くなるケース。もうひとつは、あれこれいろんなことが脳裏をよぎり、知らず知らずのうちに考えごとをしてしまうケースです。

言い換えると、「弛緩してスリープ」か「緊張してオン」かの二極に分かれ、「ほどよくクリア」な状態になりにくいのです。

「ほどよくクリア」になる練習

「ほどよくクリア」が案外むずかしいのは、私たちの注意が、いつもせわしなく動き回っているからです。

5分間「ボーッ」としている練習。
顔は前、目線はななめ下くらいに。

そのため「ぼーっ」としようと思っても、頭のなかでは「書類をつくらなければ」「まだ○○さんから連絡がないなあ」「○○君の態度が気にくわない」……など、意識があちこちに飛んでしまいます。

意識をほどよくクリアにするためには、**「あれこれ考えるのをやめろ！」と自分に命令しないことが前提です。このように力でねじ伏せようとすればするほど、抵抗が強くなってくるからです。**

忙しいビジネスの現場では、いろいろなことに意識が分散するのは当たり前です。意識の分散を「どうにかしよう」とする思いを脇に置いて、一時的に、

「雑念が湧くのはしょうがない」

と降参してしまう（手放す）と、モードが変わってきます。ずっと降参しつづけるわけにはいきませんが、5分だけなら問題ないでしょう。

そして、**ワサワサと動いている頭のなかや心の動きを、暴れ馬を遠くからぼーっと眺めるつもりで見てみます。**見るともなく肩の力を抜いて眺めるく

らいのつもりで。

これで次第にモードが変わってきます。むりやり集中しようとしていたときより、状況をほどよくクリアに見ることができるようになってきます。

どうしても眠くなる場合は、それだけ睡眠を欲していることを受け入れて、べつの時間に試してください。

呼吸を味わう練習

ほどよくクリアになって、「なにもしない」スキルを磨く。

そのために最強のパートナーとなってくれるのが呼吸です。

なにもしないでいようとすると、眠くなったり雑念が湧いたりしやすいので、呼吸という自律神経を通した生き物としてのメカニズムを使います。

またここで、ちょっとだけ試してみましょう。

自然な呼吸に注意を向けてみます。息を吐いているあいだは、

「息が出ていく、息が出ていく」

息を吸っているあいだは、

「息が入ってくる、息が入ってくる」

と、やさしく呼吸と身体を慈しむようにして、心のなかで唱えてみてください。

あまり真剣にならず、ゆるーく注意を呼吸に向けるくらいの感じでOKです。ちょうどビーチにすわって、寄せては返す波を眺めているくらいの感覚です。


呼吸を手がかりにすることで、ただ所在なくぼーっとしているよりは「ほどよくクリア」の感覚がつかめると思います。そうすると「そうだ、〇〇す

息が出ていく息が出ていく……
ハー
息が入ってくる息が入ってくる……
スー
そうだ！あの件は彼に相談してみよう

るのを忘れていた」、「そう言えば、□□したほうがいいかも」など、大事なことを思い出す瞬間があるでしょう。

これはDMNが働きはじめた証拠です。いくつかそういうことが起きてきたら、忘れないうちにメモをとりましょう。

この段階の練習としては、これでじゅうぶんです。**「上手にボーッ」として「ほどよくクリア」でいることによって、いいことが起きてくるという実感をもってほしいのです。**そうすれば、とても忙しいなかで立ち止まることへの引け目も、次第に薄れてきます。

静かに立ち止まれる場所を見つける

世界的にみて競争力の高い組織、しかも就職人気や従業員満足度の高い組織ほど、一見生産的ではない余白を大切にしはじめています。

グーグルでは世界各地のオフィスで約6000人くらいの従業員が、マインドフルネスという共通言語のもとで瞑想を経験しています。

また、インテルやフォード自動車といった大手企業や、ハーバードやスタンフォードといった名門ビジネススクールなどが、静かに立ち止まることをスキル、価値観、風土として重視しています。

自分の会社がそんな価値観にほど遠いとしても、ひとりでできることはたくさんあります。

すぐにできるのは、とにかく束の間でもいいので心に静寂をつくれる場所、物理的なスペースを見つけることです。

たった5分、ただ呼吸を味わうだけのために、スペースを探してみてください。オフィスがむずかしければ近くの公園やカフェでもいいです。電車や車のなかも使えます。

いちばん落ち着く場所、〝トップ3〟をリストアップしてみよう

あなたにとって「ここは落ち着くなあ……」と思えるスペースはどこですか？　自宅の風呂だという人もいるでしょうし、行きつけのバー、ベッドのなかなど人によってさまざまですよね。

そのときなにをしていますか。

湯船でぼーっ、バーの止まり木でグラス片手にたたずみ、ベッドのなかでリラックス。あくせくしながら四方八方に気を散らせている昼間とは、対照的な瞬間がそこにあるでしょう。

ここなら落ち着く……。それを自覚しておくことで、落ち着く場所をより効果的に活用できます。ちょっとストレスフルになってきたら、「そうだ、○○○に行こう」という動機づけになるからです。

まずはここにいれば落ち着く、という具体的な場所を3つ選んでみてください。そのなかに、**できるだけ日中行きやすい場所を入れておきましょう**。私の場合は、自宅の3階（読書や瞑想をするスペースがある）、オフィス（お気に入りのデスクチェアにすわり、PCを閉じた状態）、そして車のなかです。

ちょっとだけオフィスを抜け出してスタバでひといき、トイレの窓から見える公園の緑を眺める……。それだけでもいいと思います。

場所を確保することで、心身ともにしっかり立ち止まる。

感情が波立っていたとしても、自然にいやなことが遠のいていきます。

脳のなかで感情が生まれてから消えていくまでの時間は、およそ90秒といわれています。いやな感情と戦わずに、ぼーっと眺めることができれば、たった90秒くらいで切り替えられる可能性が高いのです。

浮かんだ考えを、そのままにしておく

私の愛用する辞書で「落ち着く」を引いてみたら、「ゆれ動いていたのが止まって、のぞましい状態に定まる。安定する」という解説がありました（『三省堂国語辞典』）。

ぼーっとしていろんな考えごとにさわらずにいたら、勝手にいい気分になってくる感じです。どうすればそうなるかを、わかりやすく説明してくれる玩具があります。雪が舞うスノーグローブ（スノードーム）です。

スノーグローブのなかで舞っている雪を頭のなかの思考に置き換えてください。これを鎮めるにはどうすればいいですか。なんとかしようともがくのをやめて、ただスノーグローブをそのままにしていると、そのうち雪が下に落ちて澄んだ状態になっていきますね。

SNOW DOME
SNOW DOME

それと同じように、**心地よい場所で思考に刺激を与えずにすごしていれば、次第に静まって落ち着いた状態がもどってきます**。いろいろ考えが浮かんできても、それを追いかけずにそのままにしておくことで、物理的なスペースが心理的なスペースに反映されてくるのです。

心に静寂をつくるために「メタ質問」を活用する

どんなに「ぼーっとしよう」「呼吸を手がかりに立ち止まろう」と思っても、中途半端な意識では「すぐにあれこれ考えてしまう」「つい反射的に行動してしまう」といった従来の習慣に負けてしまいます。人間は生体を安定的に保とうとする仕組みの一環で、同じ思考や行動をつづけようとする習性をもっているからです。

忙しいときには「休みなく一生懸命に働く」というのが、ビジネスパーソンの常識的な発想であり行動様式ですよね。片っぱしからタスクを片づけていく……。それ自体を否定するつもりはありません。

しかし、やるべきことが多すぎると、「たくさんのタスクが控えている」という認識からストレスがたまります。また無理して次々にタスクを切り替えていくと、活動のエネルギー源であるグルコースというホルモンが分泌されすぎて、疲労の原因になります。

私は経営者をサポートするエグゼクティブコーチという仕事をしていますが、立ち止まることに恐れを抱いている人（とても多いです）には、次のようなメタ質問が役に立ちます（メタ質問……ここでは、直接の課題から一歩離れて、自分のいまの状態を俯瞰するための問い、というニュアンス）。一例としてご参考まで。

※いくつもの懸案事項に追われて頭がパンク寸前の人に対して、こんな質

問をしてみます。

・あなたはいま、どんな状態ですか
・この状態には、どんなリスクがありますか
・心身が最高の状態だったらなにが違いますか
・いまリーダーとして、どんな時間をすごす責任がありますか
・恐れていることはなんですか
・恐れを手放したら、どんな選択をしますか

立ち止まることをむずかしいと感じたとき、セルフコーチングで自分にメタ質問をしてみるのもいいでしょう。

マルチタスクからシングルタスクへ

静かに立ち止まる時間に慣れてくると、そのぶん雑念の多さも実感することになるのが通常です。いままでは無意識のうちに考えを向けていたことに対し、「あっ、またよけいな考えが湧いてきた……」といったような気づきがあるからです。

せっかく立ち止まろうとしているのですから、これは気持ちのよいことではないかもしれません。

しかし次から次へとやってくる考えに、「あっちへ行った、こんどはこっちへ飛んだ」と気づくことに価値があります。

気づくからこそ大事なことに意識をもどせるわけで、これが私たちの生き物としての脳の仕組みに沿った思考を促します。どういう思考かというと、いろいろなことを同時進行で扱うのではなく、**一つひとつ順番に片づけていく思考**です。この思考による仕事のしかたをシングルタスクと呼びます。たったひとつの仕事だけに集中するやり方です。

テクノロジーが進化するにつれて私たちの脳と心を取り巻く危険度は増しています。高性能化するコンピュータと広帯域のネットワークは、ますますマルチタスク（いちどのさまざまなことを処理する）能力を高めるからです。

マルチタスクは仕事の効率を落とします。

ロンドン大学の精神医学部の研究チームが「**メールや電話によって気が散っているときのＩＱは、徹夜明けのときの数値とほとんど同じである**」という調査報告を発表しました。

集中力を奪い、仕事の質を下げている最大の要因はマルチタスクなのです。

こうした働き方をつづけると、私たち人間の生き物としての生産性は、確実に下がっていきます。あれこれ気を散らしている状態では、どんなに能力の高い人でもじゅうぶんな思考はできないのです。

長い目で見て生産性を高めるためには、たったひとつの仕事に集中しながら、順次それを切り替えていくスキルが必要です。ちょうど、いま作業するためのパソコンのウィンドウをひとつだけ開き、それが終わったら閉じて次を開けて……とくりかえすようなものです。

〝心のなかの猿〟をのぞいてみる

突然ですが、動物園にいる猿を思い出してください。いつもあちこちせわしなく動き回っていたり、手にしたバナナを食べていても、また別のバナナを手わたすと、新しいほうに手を伸ばしたり。

このように、立ち止まることのない猿にたとえて、**いつも注意力が散漫な様子を〝モンキーマインド〟と呼びます。**常態化したモンキーマインドは、仕事においては害といってもよいかもしれません。注意力が散漫だと、ひとつのことを成し遂げることができないからです。

あなたは仕事をしている時間のうち、どのくらいモンキーマインドになっていることがあるでしょうか。

さまざまな企業で働く人々と話をしていると、モンキーマインド症候群が蔓延しつつあるのでは、という危機感を覚えます。

私たちの脳はシングルタスク仕様にできています。ネットワーク社会に合わせてマルチタスク能力を高めようと思ったら、人間の脳を根本的に再設計しなくてはなりません。しかし神様でないかぎりそれは無理ですから、なんとかしてテクノロジーと生身の人間のミスマッチを解消するしかないのです。

コンピュータのマルチタスク特性に合わせて仕事をしようとすると、その弊害は生産性の低下だけにとどまりません。脳の器官そのものに損傷が及ぶ、といった研究報告も出ています。

では、あなたの心に小さな猿たちがいる動物園があることをイメージして、ときどきその動物園の様子をのぞいてみましょう。

モンキーマインドを一種のキャラクターとして心に投影することで、すこし自分の状態を客観的にみることができます。

片づけなければならない仕事が山のようにあり、気持ちが拡散しているときには、I'm busy の〝ビジーモンキー集団〟が心のあちこちで暴れまわっているかもしれません。

「考えていること」について考えてみる

モンキーマインドになりやすいのは、そもそも人間が過剰に考えるという行為をしているからでもあります。

でも次々にいろいろなことを考えるのは人間の特性なので、闇雲に思考を止めようとするのは不自然なことです。

一般的なトレーニングとして、「いま、私はなにを考えているのだろう」と、ときどき「考えていることについて考えてみる」練習をしてみるのがおすすめです。

そうすると、「そこまで悩む必要はないかも」と気づいたり、「いったん結論を棚上げして誰かに相談しよう」と思ったり、思考の泥沼にはまっていくのを防ぐことができます。

私がいまの仕事（コーチングやコンサルタント）を主軸にしはじめたころ、それまで本業にしていたライターのまとまった仕事がきました。ライターの仕事を受ければ一定の収入になる。だけど新しい仕事を開拓する時間が奪われてしまう。すでに子どももいたし、「安定収入を確保する」か「チャレンジを重視する」か。

「仕事を引き受けるか断るか、うーん、うーん……」

これは思考そのものでした。

すこしだけ昼寝をして目が覚めると、別の種類の思考が湧いてきました。

「二者択一で、すぐに返答をしなければと、もがいていたなあ」

「両立はむずかしいと考えているんだなあ」

このときは偶然ですが、まさに思考が心に照らし出されてきました。

そしてあらためて、仕事を引き受けた場合にかかる時間を依頼先と話し合い、手間のかかる業務を別の人に手伝ってもらうことで合意しました。「考えていることについて考えてみる」ことで、新たな選択肢が見えてきたのです。

失敗と不安を棚上げする

テニス界の当代トッププレーヤーであるジョコビッチ選手は、「注意をいまこの瞬間に置く」――4章で取り上げるマインドフルネスの実践者です。

彼のようなトップ選手でも、テニスの長いゲームのなかでは失敗が避けられません。しかし勝負を左右するのは、ひとつの失敗ではありません。ひとつの失敗を気にしたままゲームをつづけるか、気持ちをプレーに完全にもどすか。そこがパフォーマンスの決め手になります。

これは激しく局面の変わるビジネスにおいても、まったく同じではないでしょうか。株価が下がって急に損が出た、顧客から思わぬクレームがきた、連絡ミスで肝心の書類が届かない……など、ひとつマイナスの出来事が起きたとしても、その**失敗をいったん立ち止まって棚上げし、気持ちを目の前の仕**

事にもどせるかどうかがパフォーマンスに大きな影響を与えるのです。

いまやるべきことに、注意をもどす

心に静寂をつくる練習の実践では基本的にふたつの能力が鍛えられます。

ひとつは、**いまこの瞬間に対する注意力**（ジョコビッチ選手の場合でいえば、ボールに集中すること）。

ふたつめは、**いまここで起きていることを広くクリアに観察する能力**＝メタ注意力（ジョコビッチ選手の場合でいえば、『いまのボレーはまずかった』といった評価や判断、『きょうは調子が悪いかも』といった雑念が湧いていることに気づくこと）。

人間、どんなに集中力を鍛えても注意がそれるので、注意がそれたことに早く気づき、もどすためのメタ注意力が必要です。

気がそれること自体は問題ではありません。

忙しいのでパソコンに向かいながら、部下の話を上の空で聞いていたとします。自分の意識があちこちに行っていることに気づく。このままでは、あれもこれもよい結果にならないことを自覚して、いったん立ち止まる。そして部下のほうを向いて耳を傾ける。これが重要なのです。

それている意識に気がつき、元にもどす。これを、私は〝心の筋トレ〟と呼んでいます。なぜなら「注意がそれる→もどす」をくりかえすことで、**大事なことに注意深く取り組む筋力が鍛えられるからです**。

172ページに、この筋トレの実践ワークを紹介しています。1日5分、「注意がそれる→もどす」の練習をするだけで、ビジネスの土台となる筋力が発達していくのです。

一瞬だけ立ち止まって感情をチェックする

思考を眺める練習に慣れてきたら、次はときどき自分の感情をチェックする練習をしてみましょう。

たとえば朝起きたとき、昼のランチ前、夜の就寝前とタイミングを決めて、「いまの気分は？」と自分に問いかけます。そして、

「**快**」

「**ニュートラル**」

「**不快**」

の3つの選択肢から選んでください。

ノースカロライナ大学のバーバラ・フレドリクソン博士などによる心理学の研究では、**平穏で安定した心の状態が創造性を高める**ことが示されていま

す。たとえば「〜したい」という自分の願望やアイデアをできるかぎり挙げていく実験で、「快」の状態ではそれ以外の状態のときに比べてアイデアがたくさん出てくることがわかっています。

逆にストレスの高い状態がつづいて不快感につつまれていると、確実に仕事のパフォーマンスは落ちていきます。

いま、このくだりを読んでくださっているあなたの感情は、「快」「ニュートラル」「不快」のうち、どれに当てはまるでしょう。

もし「不快」だったとしても、じつは〝感情チェック〟という、感じるワークをすること自体が、気分を「快」に近づけてくれる効果を期待できます。

「感じること」に注意が向いているときの脳は思考が収まっているので、脳の指令を待たなくていい身体はリラックスしてくるのです。

1日に何度も、ちょっとずつ立ち止まる

あわただしいミーティング、競合先としのぎをけずる商談、大一番のプレゼンテーション……。こうした〝動いている時間〟に、自分がいまどんな状態でそこにいるかを観察する力をつけることが大事なポイントです。

前述した**〝感情チェック〟を1日に何度も実践することで、自分がいま「勝負できる状態か？」を確認しましょう**。それによって、悪いコンディションのまま大事な仕事に入ることを防ぎます。ほんの数秒、立ち止まるだけででできることです。

たったひと呼吸でよいのです。

コップのコーヒーをゆっくりひとくち飲むだけでもいいのです。

「いま、自分がどんな感情かな？」と心にきくこと。それだけで、必ず静寂

への扉が開きはじめます。

アスリートが試合中何度も大事なプレーの直前に心を落ち着け、集中しようとする様子は誰でも思い浮かべられますね。こうした立ち止まる時間が必要なことに異論がないならば、あなたの仕事や日常も同じはずです。

〝つながりっぱなしの自分〟に気づく

駅のホームで電車を待っているとき。
電車に乗っているとき。
ホテルのロビーで人を待っているとき。
自分がどんなふうにすごしているか、ふりかえってみてください。
ずーっと、オンライン状態ではないでしょうか。

可能であれば半日（無理なら2～3時間でも）、**スマホの電源を切って、どんな気分、どんな行動に出るか、自分を観察してみてください。**

昔なら、なにもすることがないと感じてぼーっとしていた時間が、スマホのおかげで忙しい時間に変わっていませんか。

博報堂DYメディアパートナーズが毎年実施している『メディア定点調査2015』によると、2014年からスマホ・タブレットの利用時間は、パソコンを上回っています。そしてテレビや雑誌などのマスメディアを含めて、唯一利用時間が増えているのが、スマホ・タブレットなのです。

忙しさから束の間だけ離れて立ち止まれる（はずの）とき、または仕事が終わってくつろげる（はずの）とき、あなたのスマホはどこにありますか。

手元にないと探してしまうのは私も同様なのですが、ビジネスリーダーたちのあいだで、意識的に自分を〝オフライン〟にする動きが見られます。24時間オンラインにつながっていることが、仕事に悪い影響を与えると感じはじめた人が多いようです。

スマホを手放して寝室に入る

寝室にはスマホを持ち込まない、移動中に惰性でSNSやメールをチェックするのをやめるなど、**短時間のデジタルデトックス**を試みてみませんか。

私は急な知らせが入る可能性の低い休日には、スマホの電源を切る時間をつくっています。

休前日の夜、自宅に帰ったらオフにすることもあります。

正直なところ、デジタルデトックスをはじめた当初は手持ち無沙汰な感じがしました。でもすぐに慣れ、休日のカフェではいちいちフェイスブックにアップするために写真を撮っているときよりも、美味しいコーヒーを味わうことができるようになりました。妻の買い物を待っているあいだ、ショッピングセンターで季節の移ろいを感じられます。

日常的なデジタルデトックスをつづけていくと、ぐっすり眠ったあとの爽快な目覚めと同じことが起きました。**週末オフライン状態に浸ることによって、月曜日の朝にメールを受信することが新鮮に感じられるのです。**

疲れた頭と目で積み重なる受信メールを追いかけているときには、つい大切なメールを（いつもうんざりさせられる）ジャンクメールのなかに見逃してしまうことがあります。

また、重要案件で返信しなくてはならないメールについても、気分が重くなってしまいます。

しかしオフラインから明けた爽快な朝のメールには、そういうことがいっさいありません。

オフラインの実施はこれからの社会において、睡眠と同じくらい大事なことになってくるのかもしれません。

少なくとも就寝時、また休日の一定時間くらいは、スマホから離れるようにしてはどうでしょう。

年に2回くらい、完全な〝STOPPING〟を

ここまで主に、忙しい日常のなかで〝心に静寂をつくる〟ことについて述べてきました。これが、簡単なようでいて案外むずかしい、という声を聞きます。

そこで、すこしまとまった〝立ち止まる時間〟をつくることを提案します。頻繁にできることではありませんが、日常の簡単な実践と組み合わせることによって、相乗効果が期待できます。

動き回っている日常を離れて完全に止まることで、静寂のモードに自分を強く振るのです。

物理的に静寂な場所に行くことで騒がしい心が落ち着いてきます。私が社会人になりたてで「東京はどこへ行ってもビルに囲まれた大都会だ」と思っ

ていたころ、会社の先輩に連れられて高尾に行きました。京王線の高尾駅を降りた瞬間、その澄んだ空気に感動したものです。

こうした「場の力」に、「一定期間はパソコンやスマホを手離す」という「ルールの力」を加えると、確実に非日常モードになります。場とルールに後押しされて、久しく味わったことのない心の落ち着きや意識の冴えが実感できます。

いちど体験すると日常にもどっても「あんな感覚でいたい」という気持ちになるので、日々の小さな静寂の実践に弾みがつくのです。

私が好きなのは米国のセラピストで作家でもあるデイビッド・クンツ氏の〝STOPPING〟という概念です。

彼は立ち止まることを、次の3つに分けています。

「静止」（**日常で数分くらい何度も立ち止まる**）

「休止」（**半日くらい、または週末の1日などを立ち止まる時間にする**）

「停止」（人生に何度か、月または年単位で立ち止まる）

「静止」と「休止」を日常に組み込むことと、「休止」を少し延ばした1週間くらいの、「停止」を提案します。

立ち止まる方法はさまざまです。

次のうち、いちばん心を動かされるものはどれでしょうか。

・あまり観光地化されていない大自然のある場所に旅する
・あまり観光地化されていない聖地をめぐる（できれば徒歩を多めに）（体力、経験に応じて）トレッキングや登山をする
・断食道場などでプチ断食に参加する
・お寺で2～3日の修行体験をする
・数日～10日間のヴィパッサナー（マインドフルネスの源流となっている瞑想）に参加する

・テクノロジーと離れて数日間すごす

1日でも〝オフライン状態〟で自然のなかにいると、自分の身体の状態や滞っている感情、気になっている事柄などを、しっかり見つめることができるのを感じます。

できれば2泊3日くらいで、マインドフルネスや森林浴、ヨガ、ボディワーク（心身を整え、リラクゼーションを促す）を組み込んだものに参加するのがおすすめです。

単にネットを絶つ……というよりも、もっと建設的に新しい生き方、働き方に目を向けるきっかけがつくれると思います。

最近は軽井沢や熱海などのホテルや旅館が、デジタルデトックスをコンセプトにしたパッケージプランまで用意しています。はじめて試す方には手軽で楽しみもあるので、安心しておすすめできます。

宿に到着するとPCやスマホをフロントに預け、さっそくオフライン生活がスタートします。とはいえホテルが提供するものですから禁欲的なものではなく、マッサージや美味しい食事、森林浴などでリラックスした時間をすごします。

欧米では、大自然のなかを散策、瞑想やヨガなどを行い、自然食を味わう「リトリート」が、セレブの〝ステイタス〟のようになっています。

なにもしない旅をする

私にとっての最高のSTOPPINGは、北カリフォルニアにあるシャスタ山とその一帯への旅です。

はじめて訪れたのは2011年の6月でした。

3・11直後からのさまざまな混乱により、自分の価値観や仕事のしかた、これからの会社経営、家族とのすごし方など、あらゆることを整理する必要性を感じていたのです。

たまたま東北での大きな仕事がすべて見送りになり、多忙を極めていた日常に大きなエアポケットが生まれました。そのときに友人からの情報で知ったシャスタに不思議なひらめきを感じて、ほとんどまともな情報をもたないまま成田から飛行機に乗りました。

サンフランシスコからレンタカーで5時間。世界7大聖山のひとつに数えられる標高4000メートル超のシャスタ山と澄み切った雪解け水。映画『スタンドバイミー』の舞台にもなった麓の街マックラウドから見上げる夜空の星は、自分が宇宙にいるような満天の光。

悠久のスピリットを感じずにはいられないその場所は、私にとって人生を見つめ直すSTOPPINGの舞台となりました。

それ以来、年に1回は必ずシャスタを訪れています。公共交通がいっさいなく、行きたい場所はネットどころか住所すらない場所ばかり。生き物と自然、それを包み込む地球が素顔で待っていてくれる場所です。

ただシャスタにいるだけで、いつも私は静寂そのものになったような気がします。そしていまでは、シャスタを魂の故郷だと思っています。

その故郷を出てふたたび東京にもどってきたとき、**自分の深い部分から出てくる躍動感**に気づきます。

大事なことをスパッと判断する直観力や、**目の前にあることに集中するエネルギーが充電**されているのを感じることができるのです。

澄んだ水面に映し出されるシャスタ山とともに、「いまこの瞬間の自分」がありありと静寂のなかに浮かんでくる。その場に身をゆだねているうちに、「自分が静寂を感じている」から「静寂として存在する自分」を感じる瞬間がやってくる。シャスタはそういうところ。
撮影：Miho Nakayama（聖地ガイド）　http://medicinelake.blog76.fc2.com/

起伏に富んだトレイルや林のなか、山の中腹のなだらかな斜面。好奇心が原動力となって足の裏から身体全体に注意力が浸透するので、マインドフルネスウォーキングにも最適。

ここにいると自分が自然の一部だと感じ、ゆったりとした時間をすごしているうちにひとつの自然なのだと感じるようになる。素敵な場所がたくさんあるけれど、「行く」モードの自分から、ただここに「在る」モードに変わってくる。

撮影：Hiromi Suzuki（B&B ストーニーブルックイン オーナー） http://stoneybrookinn.net/

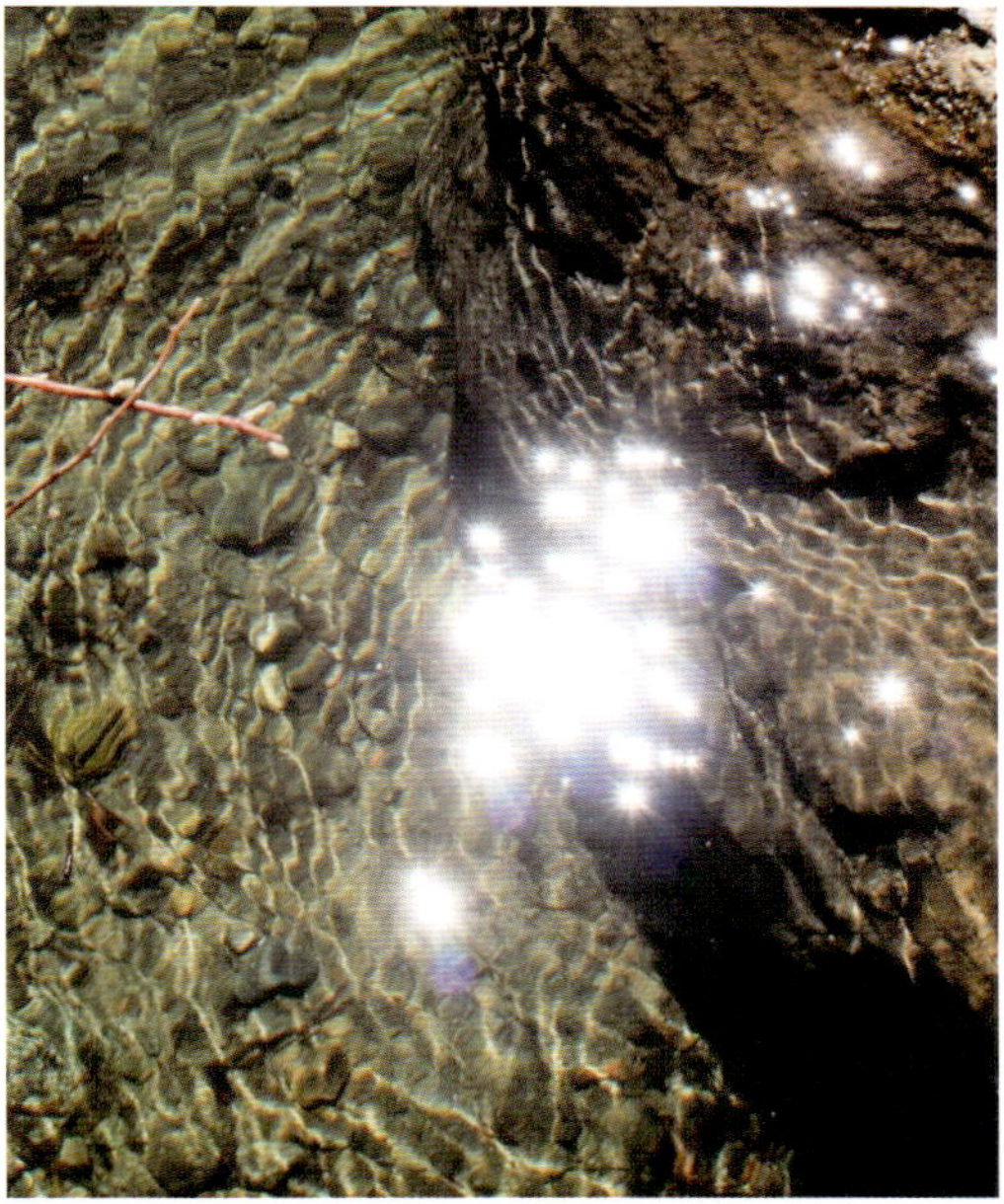

なんの予備知識もなかったシャスタに惹かれたきっかけは水。降り積もった数百年以上前の雪解け水が、いつもそばにある。

いまでもネイティブアメリカンの儀式が行われるなど、悠久の時間の流れを味わいながら、気がつくと自分が立ち止まっている感じ。誰にも邪魔されず、半日くらい瞑想していられるお気に入りの場所が、あちこちにある。

本書の担当編集者が体験した「身近なSTOPPING」。電車に30分ほど乗るだけで、「心の静けさ」を得られる場所にたどり着けた。

狭山公園と多摩湖。湖の向こうには富士山も見える。

第2章

眠っている身体の知性を磨く練習

身体がもっている知性に出会う

心に静寂さが漂ってくると、胸や内臓のあたりにフィーリングを感じることがあります。部屋の温度や湿気といったことにも敏感になり、身体感覚が鋭敏になってくるでしょう。

じつは身体に知性が宿っているということが、科学的に示されています。**むずかしい決断を迫られたとき、ただ頭を使って考えるのではなく、頭と身体をつなげることで最良の対処ができるのです。**

決断の場面を想像してください。

あなたがこれまでの経験にもとづいて、常識的な線で「A案でいこう」と判断しかけているとしましょう。しかし、ほんとうにそれでOKか。ここで

意思決定の質を左右するのが心の静寂です。

重要な決断のとき、どこかで違和感を覚えることが少なくありません。それは**身体で生じる（キャッチできる）違和感**です。私が出会ってきた優れた経営者などは、必ず重要な場面で、身体の感覚を活用しています。この違和感を感じることこそが、身体がもっている知性に出会うことなのです。

アイオワ大学の心理学者（ベチャラ&ダマシオ）が行った「アイオワ・ギャンブリング課題」という有名な実験があります。

プレーヤーたちの前にカードの山を4つそろえます。それらの山から順番に1枚ずつカードを引いていくのですが、それぞれのカードを裏返すと、利益または損失の金額（いくらもらえる、いくら支払う）が書いてあり、ふたつの山はゲームをつづけるうちに得になるような、残りふたつの山は損をするような指示が出ています。

便宜上カードの束をA～Dグループとして説明すると次のようなものです。

・得をするA、Bグループ（1枚の当たりで得られる金額は少ないが、損失の確率が低いので中長期的に利益が増える）

・損をするC、Dグループ（1枚の当たりで得られる金額は大きいが、損失の確率が高く中長期的に損をする）

被験者のプレーヤーに「これはおかしいぞ」という勘が働きはじめるのは、50枚くらい引いたところでした。そして80枚目くらいまで進むと、ようやく法則性に気づいたのです。

ところが興味深いことに、20枚目くらいの段階で、C、Dグループの被験者たちの手のひらには汗がにじむなど身体的な変化が現れていました。**頭で気がつく前に身体が先に反応しているのです**。どうやら身体は、私たち自身が自覚している以上に知性を宿しているようです。

身体がもつ知性は、

「一流の投資家が出資を求めてくる起業家の資質を瞬時に見極める」

「家族の一声でただならぬ事態を察知する」

「野球の打者が〝打てる気〟がして打席に立って実際にホームランを打つ」

といったように、さまざまな場面に現れます。

ですからぜひ身体全体をフル活用しながら、さらに静寂を深めていく練習をしていきましょう。

頭より先に手を動かして紙に書く

身体の知性に出会うために、まず手を使ってみましょう。最近はキーボードを打って文字を書くことが増えていますが、ここで紹介するのは手書きの効用です。

キーボードを指で打つのと手で文章を書くのとでは、脳の働く部位が違います。

事実を記録するなどの目的にはキーボードでも問題ない（むしろ慣れれば効率的）ですが、**抽象的な思考やなにかを概念化していくような場合は、手書きのほうが向いています**。

書くという頭を使うように思うかもしれませんが、あくまで優先するのは「手を動かす」という身体的な側面です。

試しにひとつ、なにかテーマを設定してください。「すこし頭を整理してみたい」というような、特に深刻なわけではないけれど、ヒントを見つけたい課題がちょうどいいでしょう。

ノートなり、Ａ４のコピー用紙なりを机に置きます。

筆記具はＨＢ〜２Ｂくらいの鉛筆が私のおすすめです。シャーペンだと折れやすいし（私の場合は特に筆圧が強いので）、少し太めで芯の硬度が柔らかいほうが発想の助けになるように思います。

そしてなにを書こうかと考えるのではなく、とにかく手を動かしていきま

思いつかない
何も書けない
むずかしい
前もこんなことで
悩んでいた
あのときは

す。これはジャーナルライティングとかプロセスライティング、あるいはジャーナリングと呼ばれるワークです。

なにも思いつかない？　これは絶対にありえません。「思いつかない」ということは思いついているではありませんか。

ですからそんなときは、思いつかない、思いつかない、わからない、書けない、むずかしい……などと書き、どんどん手を動かしていけばいいのです。

「やる気の自己管理」のために書く

「こんなことが何の役に立つ？」と思うかもしれませんが（そうしたら、また〝こんなことが何の役に立つ？〟と書いてください）、そのうち必ずなにかアイデアらしきものが出てきます。**まるで手が知恵をもっているかのように、思わぬこ**

とが浮かんでくるでしょう。

いちどきっかけをつかむと、手がさらに知恵を発揮しはじめます。米国でのリサーチでは、こうしたワークを通して自己理解や動機づけを促す効果があることが報告されており、失業率の改善などにも役立っています。

私はクライアント企業で「やる気の自己管理」として、手書きで書きだすことを実践してもらっています。

個人的にも気に入っていて現場でも好評なテーマは、

・最高の1週間（月曜朝に実施）
・今週のよかったこと（金曜夕方に実施）
・きょうのよかったこと（各自、毎日夜に実施）
・私が大切にしたいこと
・感謝
・喜び
・いま感じていること

などです。

〝手が知っている〟というのはおもしろい体験です。文章をまとめる作文ではなく、人に見せるものでもないので、とても自由で心理的なスペースが紙の上に広がります。

ジャーナルライティングと称されるものは、心理学の大家であるカール・ユングの弟子だったアイラ・プロゴフがはじめたとされます。これらはほかのさまざまな心理学者、セラピストのもとでも広がってきた内省、自分に気づいていくアプローチなのです。

土や草原、自然の大地を歩く、走る

身体の知性を磨くには、身体をアクティブに動かすことも忘れてはなりません。「身体を動かす」と言うと単なる一般論に聞こえるかもしれませんが、**大事なのは自然を舞台にすること**です。フィットネスクラブやアスファルトのうえでのジョギングよりも、心身一如と心の静寂ということを大切にするために、自然の大地、森や林のなかがベストです。

そんなことを言われても時間が、体力が……という声も聞こえてきそうですが、状況に応じて、できることを選んでいけばいいと思います。手軽に行ける公園や河辺、砂浜などを3カ所くらいピックアップしてください。

私の場合は、Jリーグ川崎フロンターレのホームがある等々力緑地、多摩川の河川敷、そして夕陽スポットとしてもすばらしい多摩川台公園などです。ちなみに脳科学的な観点からも世界的に注目されているのが、野山を走るトレイルランです。

人類20万年の歴史をたどると、野山をかけめぐった狩猟時代が歴史の大半。運動が脳に及ぼす効用に関する世界的な研究者であるジョン・J・レイティ博士（ハーバード大学医学部医学博士　※参考図書：『脳を鍛えるには運動しかない！』

『GO WILD～野生の体を取り戻せ！』）は、現代の文明社会を生きる私たちの身体も、当時の生活に合わせて設定されたままだと主張しています。

トレイルランは街のなかを走るのと違って大地の状態が変化に富んでいるので、ランニングによって身体全体がバランスよく鍛えられます。これがアスファルト上だと変化がないぶん、ランニングによってかかる負荷が特定の筋肉に集中するのです。

また起伏や土の状態が常に変化するので、じつは身体だけではなく脳が膨大な情報処理をつづけています。それによって、「いまこの瞬間に注意を向ける能力」が、自然に鍛えられるのです。

私の周囲にもトレイルランナーが複数名います。私自身も自然の起伏がつづくなかを歩いているうちに、ちょうど雲がすーっと流れて青空いっぱいになるように、脳と心が晴れわたってきます。

アクティブな動きがもたらす静寂というのは、体験するとクセになります。そして単に気分的なことではなく、科学の裏付けをもって価値を強調すべきことなのです。

米国の『応用生理学ジャーナル（Journal of Applied Physiology）』に掲載された有名な論文では、〝動かない生活〟と多くの慢性疾患の関連性が報告されています。

またオバマ大統領が絶賛し、世界中から難病患者が訪れることで知られるメイヨー・クリニック（米国ミネソタ州）神経学部門の研究者たちは、人間の世代を問わない認知能力と運動の相関関係について、膨大な論文をもとにしたメタ分析を発表しています（参考：『ＧＯ ＷＩＬＤ～野生の体を取り戻せ！』ジョン・Ｊ・レイティ＆リチャード・マニング著／ＮＨＫ出版）。

一瞬にして静寂を得る重力ワーク

いつでも、どこでも、この地球上にいるかぎりは一瞬で〝最低限の静寂〟を得る方法があります。さっそく試してみましょう。

いまあなたがすわっている（立っている）場所で、可能であれば目を閉じてください。そして**自分に重力がかかっていると思ってみます**。

ワークは以上です。簡単ですね。

重力、言い換えれば自分の体重です。重力の存在は言うまでもなく物理的な事実です。しかし日ごろ、それを意識して生活している人はいないでしょう。ふだんは気に留めていないけど〝現にあるもの〟を、ただ「ここにある」と思ってみます。

やってみたけどピンとこない……。まったく問題ありません。たとえ静寂が味わえなくても、ただ重力を感じようとするだけでOK。先に述べたように、感じることによって脳は、いつも忙しく身体に指令を出すことを一時停止します。そして、その代わりに身体を感じようとするのです。

感じていなかったときに比べて心は静寂に近づいていきます。なぜならば、それはいつも忙しい脳が立ち止まっている状態だからです。

たったこれだけの重力ワークで、あなたが頭で理解できる以上に、身体は休息が促されます。脳からの指令にそなえて緊張していた筋肉が、リラックスするからです。

「やろう」としない、「起きてくること」に従う

ただし、重力ワークでひとつ気をつけてほしいのは、「よし、感じるぞ！」と気合を入れてしまうことです。これは脳が「感じろ」と指令しているわけで、筋肉の緊張を和らげるのがむずかしくなります。

必死にならずに、椅子や床に身を投げ出すつもりでいてください。

感じられることを感じられるままに。

感じられないことも感じられないままに。

これが原則です。

わかりやすいのは姿勢です。「背筋を伸ばしなさい」と言われた記憶があると思います。背筋が曲がっているより真っ直ぐなほうがいいに決まってい

ますが、「背筋を伸ばせ」と言われて伸ばしたとき、あなたの身体は快適でしたか。

両親、小学校時代の怖い体育の先生、〝カリスマ〟マナー講師、坐禅指導のお坊さん。相手が誰であれ、その指示はあなたの頭に届き、その指示をあなたの頭が中継して身体に指示を送ります。

このとき司令官は「頭」、コマンド&コントロールのもとに従うのが「身体」という関係性ができあがります。いつどんな指示が飛んでくるかわからないので、身体は緊張して硬くなります。それは人の可能性を最大化する静寂とはほど遠いのです。

心の〝力みすぎ〟に身体で気づく

それでも忙しい日常のなかでは、「気がつくと身体が緊張している（筋肉がかたくなっている）」ということが多いようです。いわゆる〝がんばっている〟状態に、すぐにもどってしまいます。筋肉にそういうクセがついているのです。当然そのときは、心も緊張しています。

心が緊張しているとき、心をどうにかしようと思うより、実際に見ることもさわることもできる身体からアプローチしたほうが確実です。緊張していること、いわゆる頭が真っ白といった状態に気づいたら、**頭でどうにかしようと考えるのではなく、ひたすら身体に焦点をあてていきます**。

たとえば、商談の席で旗色が悪くなったとき。形勢逆転させようともがきはじめると、身体全体がこわばって呼吸が浅くなってきます。そうすると身体のなかでいちばん酸素を必要とする脳が酸素不足になり、働きが落ちて思考力が低下してきます。

そこで、「まずい、どうにかしなければ」と、それ以上にがんばるのではなく、その身体の状態に気づいてあげることからはじめます。

自分の身体のレポーターになる

「あっ、心臓がバクバクしてきた」
「息が浅くなっている」
「地に足が着いていない感じだ」

など、ニュースのレポーターのように淡々と事実だけを自分に知らせる練習をしてみましょう。

そう、**解説者ではなく事実だけを淡々と伝えるレポーターであることがポイントです**。こうして身体をレポートすることで、少し距離をおいていまの状況を受け取れるようになります。

緊張は抑えようとせず受け取ってみる

身体をレポートすれば、たちまち緊張しなくなるということではありません。むしろここで練習したいのは、緊張をあるがままに受け入れることです。

ここでも、「ただ感じること」が役に立ちます。ただし「感じよう」と感覚を無理に取りに行くことを避けたいので、あるもの（ないもの）をそのまま受け取る、というつもりでいてください。

緊張は避けたいと思う状況なので、緊張状態になるとそれを抑えよう、という意識が強まります。ところが、抑えようとすると緊張をいっそう意識させるので、悪循環に陥りやすいのです。

緊張を「受け取る」と言うというと引いてしまう人がいるかもしれませんが、正確に言うと**「緊張と解釈している身体の現象」を受け取る、**ということです。あるがままにゆだねてしまう、ある意味、「しかたがないと思う」ことです。

受け取ることで気づく感覚があります。たとえば「みぞおちのあたりがキューンとしめつけられている」「胸全体がバクバクと振動している」「足がガクガクとふるえている」……など。

起きている経験そのものをキャッチすることで、「この現象は自分ではなく、現象にすぎない」ことがわかります。わかりますといっても頭で整理できないかもしれませんが、実際に試しているうちに、**「緊張」**↓**「現象のキャッチ」**↓**「緊張の緩和」**の流れが体感できるようになってきます。

「緊張している」と気づいたとき、「落ち着こう！」と心に言い聞かせるよりも、「いま身体はどうなっているのかな？」と思うクセをつける。ただそれだけで、ビジネスにおけるパフォーマンスががらりと変わるのです。

ふさぎこみたいときは、顔を上げて胸を開く

なにか悩みごとがある、やる気が出ないといったときにも、先に述べた重力ワークを試してみてください。そしてすこしだけリラックスできたところで、ゆったりと椅子に腰掛けてみます。さらに、意識的に顔を上げて胸を開いた姿勢になります（無理なくできる程度に）。

ふさぎこんでいる姿として一般的にイメージされるのは、うつむいて背筋が曲がっている状態ですね。そのふさぎこんでいるときに、身体だけ反対に

してみるのです。

どういうこと？　と、不思議に思うかもしれません。これは身体がもっている可能性を出現させるひとつの方法です。

深呼吸するときに顔を下げて背筋を曲げている人はいないでしょう。リラクゼーションを促す深呼吸の姿勢が顔を上げて胸を開いているように、姿勢によって呼吸の質に影響が及びます。

気持ちがどうあれ姿勢にアプローチすることで、姿勢が質の高い呼吸を導いてくれます。そして、呼吸が感情に影響を与え、感情が思考に影響を与えます。

楽天家のほうが悲観的な人よりも健康で長生きする傾向があることや、仕事のパフォーマンスが高いといった研究があります。そんな話をすると「性格だからしかたがない」と〝悲観的に〟なる人がいますが、それは心のクセであってほんとうの自分ではありません。信じる、信じないは脇に置いて、とりあえず身体を動かしてみましょう。

胸を開けば深い呼吸が自然にできるので、リラクゼーションを促進する副交感神経が活性化します。

このとき脳のさまざまな場所が連動してＤＭＮという神経回路（21ページ）が活性化しています。それによって、まったく異なるＡとＢとＣといった要素が組み合わさって、視点が変わる、新しいコンセプトが生まれる、といったことが起きやすくなります。

温泉モードの姿勢でくつろぐ

がんばらず自然に胸を開くのに、とてもいい方法があります。温泉につかっているときの様子を思い浮かべてください。いや、気分がよくなることがイメージできれば、自宅の風呂でも近所の銭湯でもいいのです。

ハア〜〜

ひと仕事終えて、「あーやれやれ……」とお風呂にゆっくりつかっている、日本人なら誰もがわかるあの感覚。そのつもりですわってみてください。このとき胸が閉じている人は、まずいないでしょう。

だから「快」のときには胸が開くことがわかります。この場合、なんらかの出来事が身体の姿勢に反映する、と考えるのが通常でしょう。しかし身体に知恵が宿っていることに着目するなら、**身体から先に「快」をつくりだすことで、状況を変えていくこともできるはずです。**

それでも気分が暗くなったら、ただ〝ニッコリ〟してみよう

胸を開いて温泉気分になっても、むずかしい話をしているうちに、やっぱり気分が暗くなってきた……。そんなときは、知らず知らずのうちに

「あーーー」と頭が下がり、胸が閉じられ、呼吸が浅くなって、また負のモードに入ってしまうかもしれません。

そうなりそうだったら、もうひとつ身体を使ったアプローチを加えてみましょう。口角を意識的に上げてニッコリしてみるのです。最初はうまくいかないかもしれませんが、何度かひとりで（恥ずかしくないところで）練習してみてください。

私たちは楽しいからニッコリすると思っていますが、じつはニッコリするから楽しくなるという、逆の流れもあることがわかるはずです。

生物の歴史をたどってみると、ほとんど脳の機能がないに等しい原始的な生き物さえ、生命としての動きをもっていました。脳が指令をしていないのに動いているということは、動きとともにすでに身体になんらかの知性があったということです。

では、その動きはどこからきているのか。まだ解明されていないことがたくさんありますが、心身同一性に着目するソマティック心理学の研究によれば、動きという身体活動が、脳の形成や脳の働きに影響を及ぼしていることは明らかなようです。

とにかく**頭で考えることを一時停止して、身体を主役にする**。そのトライアルのひとつが〝ニッコリ〟なのです。

スキルアップをやめてスキップしよう

もうひとつ、どこでもできるカジュアルなアプローチを提案します。それはズバリ、スキップです。懐かしいですね。

なぜスキップか。イライラしながら歩いている人、もっとイライラして走っている人は想像できますよね。もちろんたたずんでいる人も。けれどスキップしながら怒っている人は、想像できませんよね。これをやったら完全にギャグの世界です。

歩くことや走ることに比べて、スキップは子どもたちの世界と大人の世界を分断するアクティビティではないでしょうか。子どもには当たり前のことが、大人には非日常の世界。

スキップしているときには、どこか心が弾んでいて余裕があります。楽しいから思わず身体が弾んでしまう感覚、ですね。さらに医学的な理由もあります。

スキップのようにリズムを刻む運動は、精神の安定に深く関わっている神経伝達物質、セロトニンの分泌を促すのです。

ですからストレスがたまっているときや、ひとつのことに熱くなりすぎて視野がせまくなっているときなどに効果的です。

企業でリーダークラスの人たちに、「いちばん最近で、スキップしたのはいつですか?」と聞くと、みんなポカン……とした顔をします。そのくらい大人には別世界になってしまっているのでしょう。あんな簡単なことが……。スキップで自分の身体が解放されるだけではなく、人のスキップを見て笑い、共感できる視覚効果もあります。

意味もなく、目的など考えずに、ただみんなでスキップしてみる。

私は、このワークが気に入っています。

みんなで大きな輪をつくり、スキップしながらグルグルまわる。そうしているうちに、心の余裕というスペースが現れてくるのです。

ところでシリコンバレーのグーグル本社には、砂地につくられた迷路がいくつもあります。これはマインドフルネスウォーキングと呼ばれる、身体の一挙手一投足を味わい〝注意深く歩く練習〟のためのもの。私も試してみましたが、忙しい仕事の合間に気持ちを切り替え、次のタスクに臨むのにも役立つ絶好のワークだと思いました。

超スローワークで身体を目覚めさせる

ふつうは一生やらないような動きを試してみるのもおすすめです。たとえば手首をまわす運動や肩をまわす運動は、たいていどこかで経験していますよね。こういう親しみのある動きだと、身体が勝手に動いてしまうので、それほど注意深くなくてもできます。つまり身体の知性を鍛えるには向いていません。

そこで椅子に座って両手を膝のうえに置き、右手の人差し指で極力ゆっくり（指が動いていると気づかれないくらいの速さで）小さな円を描いてみましょう。

これは私のボディワークの先生である藤本靖さん（米国ロルフ研究所認定ロルファー）から教わったものです。ふつうはしない動きなので、自然と注意力が高まります。それを「ゆっくりする」ことで、身体から出てくる情報を

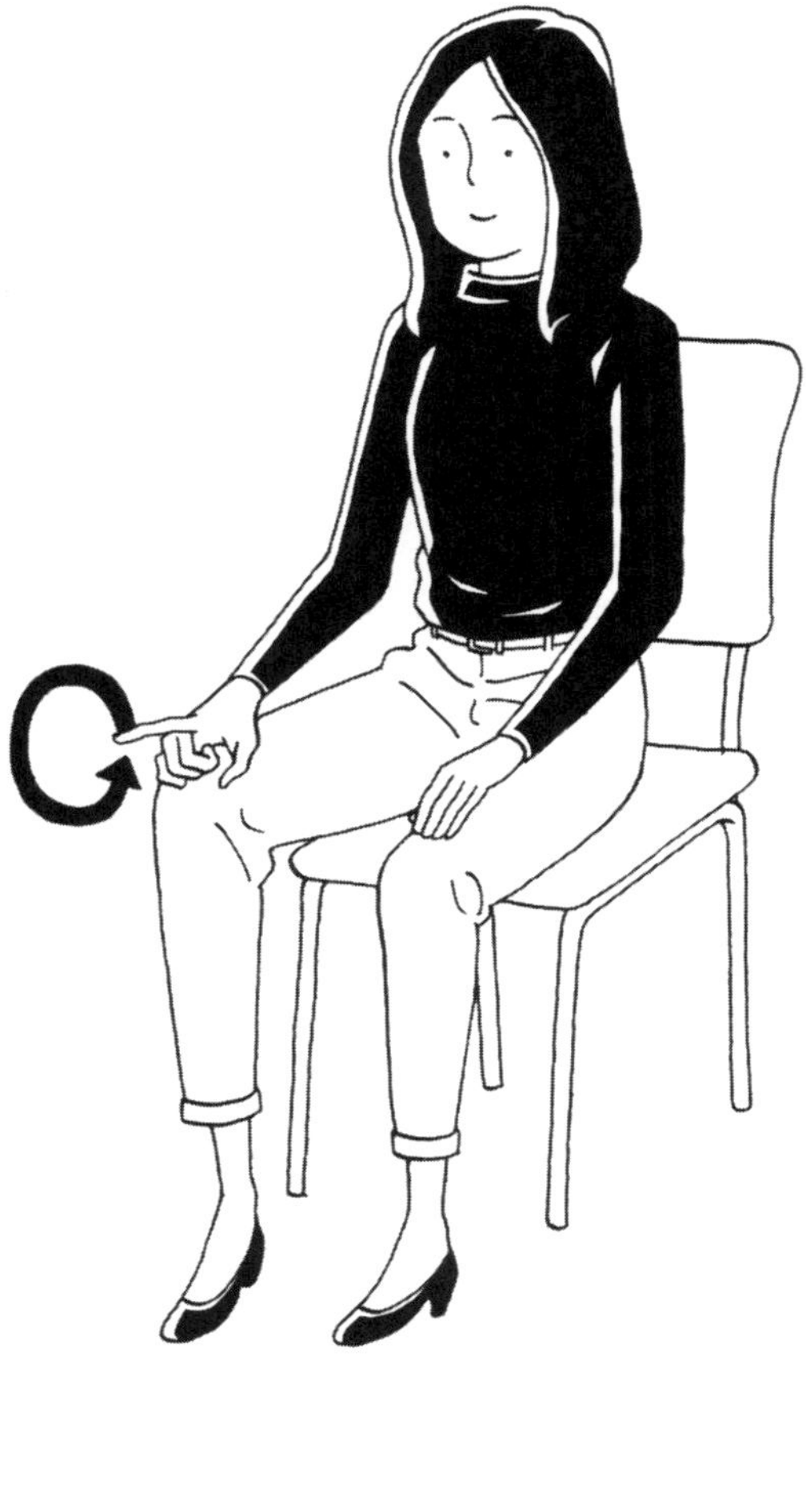

把握しやすくなります。

実際に多くの人に試してもらったら、指のスローワークに連動するかのように、誰もが身体のさまざまな感覚に気づきました。

この指まわしにかぎらず、**「したことがない動き」を「ゆっくりする」ことで、身体のセンサーを鍛えていくことができます。**いろいろバリエーションを考えてみるのもいいと思います。

このセンサーが鍛えられると、感覚の鈍い場所にもちゃんと感覚のあることがわかってきます。生命力にあふれた豊かな静寂と〝ただのぼーっとした状態〟の違いが、体感的に明らかになってくるのです。

コップひとくちの水を、ゆっくり飲む

私は仕事柄、ときどき大勢の人の前で講演をする機会があります。演壇には、必ず主催者の人が水を置いてくれます。しかし講演に慣れていなかったころは、ペットボトルのキャップを開けないまま、1時間くらいの講演を終えることがよくありました。おそらく、水に目を向ける余裕すらなかったのでしょう。

最近は**意識的に途中で間《ま》をつくり、意識的にゆっくりとキャップをひねり、意識的にゆっくりと水を飲むようにしています**。たったそれだけのことが、自分の心身に大きな影響をもたらします。水を身体に浸透させることで、目先のことに必死になりすぎている自分を、適度にクールダウンさせるのです。

仕事中に混乱や疲労を感じたとき、言いにくいことを伝えなければならないとき、瞬時にリセットしたいとき、**「意識的に、ゆっくりと、水をひとくち飲む」**ことを試してみてください。

これを私は〝マインドフルウォーター〟と名づけています。ここでいちばん大事なことは、なんとなく飲むのではなく、ちゃんと意識的に飲むということです。カフェインの入った飲み物などではなく、刺激の少ない水で練習しましょう。

前述のスローワークの部分でもふれたように、ゆっくりした動きによって脳が情報を受け取りやすくなります。身体から情報が出てくることによって脳の「感じるモード」のスイッチが入り、逆に「指令モード」がオフになります。脳の指示にそなえなくてもよい身体はリラックスし、一つひとつの動きが柔らかくなります。

水が身体全体に浸透して、乾いた心身が潤っていくのだと思ってください。ひとくちの水が喉から食道を通過する心地よい冷たさ、そのあと胃腸に吸収されてエネルギーが充電されることを思ってください。

水を意識的に飲むことで生まれる間《ま》は一瞬の静寂ですが、その一瞬を〝なんとなく〟ではなく〝意識する〟ことで、硬直した身体を復活させることができます。

相手が緊張していたら、やっぱり〝ひとくち〟を実践

水をひとくち飲むことでつくる静寂は、じつは周囲にも影響を及ぼしていきます。私がこれを最初に実感したのは、10年以上前にある人の講演会に参加したときのことです。

司会者に紹介されてステージに登場すると、彼はゆっくりとお辞儀をし、それからまたゆっくりとコップに手を伸ばし、ひとくちだけ水を飲みました。

最初から水を口にする演者を見たのは、それがはじめてでした。それはなんとも不思議な間《ま》で、いま思い返すと、その間《ま》によって、急いで席に着いた私のなかにも間《ま》が生まれたような気がします。話を聴く前に、一瞬だけ立ち止まることができたのです。もちろん身体はもともと立ち止まっているのですが、心が落ち着いたのです。

ここでいう水が状況によってはコーヒーや緑茶、紅茶になるかもしれません。いずれにせよ、**商談や会議の場に飲み物が出されるのには意味があります。**いやもっと正確に言うなら、出されるものをしっかり意味づけることで、大事な静寂のためのリソースになるのです。

あなたが落ち着いているのか忙しいのかは、空気を通して伝染するように相手に伝わります。人間の脳には、他者の感情を自分のものとして感じるミラーニューロンという神経細胞があります。これが共感や相互理解にも大きな役割をはたしています。

目の前にある飲み物を丁寧に、少しだけ飲む。

それを一瞬だけ存分に味わう。

たったそれだけのことで、緊張や疲労を感じている周囲の人にも静寂のきっかけを提供することができます。

ですから、たとえ自分のコンディションが快適であっても、目の前にいる人の様子が気になったら、マインドフルウォーター（コーヒーでもお茶でも）を実践してみましょう。お互いによいコンディションだったとしても、さらに快適な状態にセットアップするのに役立つはずです。

赤信号の停止時間に五感を解放する

本章のテーマである「身体の知性」の根本は、あまりにも当たり前のものになっている身体について、明晰さをもって気づき直すことです。気づき直そうと思えば、いくらでも気づきが出てくるのが身体です。

その気づく（感じる）モードが静寂をつくり、静寂がほんらいの自分だとわかれば、さらに気づきが深まります。そこから発見できたことは、さまざまな行動の資源になっていくことでしょう。

本章の最後に、とても日常的な場面で実行できる五感活性化ワークを紹介します。場所は街のなか、信号待ちの時間です。特に都市で生活している人は、出勤や仕事で忙しい移動時間の途中、信号待ちでイライラしたことがあるのではないでしょうか。

誰もが思い浮かべられる「信号待ち」で、あなたはどんなことに気づいていますか。

なんといっても第1は、「信号が赤だ」という気づきですよね。

それ以外にどんなことに気づいていますか。

「赤になってしまった。イライラしながら、しょうがないから停止する」というこんなマインドを次のように切り換えてみましょう。

「赤になったから、しっかり心のブレーキを踏んで停止する機会だ。よし停止したぞ。目に魚眼レンズが入ったつもりで周辺視野を広げて、まわりの様子を見渡しながら深呼吸してみよう。

耳に入ってくる音を意識的に聴いてみよう。

ここにどれだけの音があるか、探索してみよう。

いま漂っている匂いはどうだろう。

空気の温度や質感、肌になにが伝わってくるかな。

靴の裏から歩道の振動は伝わってくるかな。

自分はどんなバランスでいまここに立っているかな。

まわりにいる人たちのエネルギーは、どんな感じだろうか」

あるとき私のクライアントの経営者が、次のようなメールを送ってくれました。

「先日のコーチングセッションのあと、オフィスの前の信号で立ち止まったら、反対側の歩道で私に気づき、どこか気まずそうにしている社員を見つけました。きっとこういうことは、よくあるのだろうと思います。でも社員がいることに気づいたのは、そのときがはじめてでした。なんだか心に余裕をもっていなかった自分に、ドキッとした次第です」

赤信号で立ち止まっている短い時間を「意識的にすごす」ことによって、無為に、反応的にすごすのと比べて、どんな経験の違いがあるかをたしかめてください。

そこになにか役に立つ情報があるかどうかが問題ではありません。**どんな喧噪のなかにも、ちゃんと静寂があると気づけることが大事なのです。**

第3章 いつもザワザワしている心を照らす練習

心を白紙のキャンバスに投影する

「心に静寂をつくる」には、あるがままの心を見つめることが欠かせません。それがこの章でご紹介していく、**心を照らし出す練習**です。

私は米国グーグル本社で開発されたＳＩＹというプログラムを日本で展開する組織（ＭｉＬＩ）の理事をしています。ＳＩＹとは**Search Inside Yourself**の略称です。**自分の心をサーチライトで照らしながら、それを見つめていくイメージ**です。

それが**自分の状態を正確に認識し、コンディションを整えて大事な仕事に取り組む基盤をつくります。**

心に静寂をつくることを〝なにもない＝なにもしていない〟白紙のキャンバ

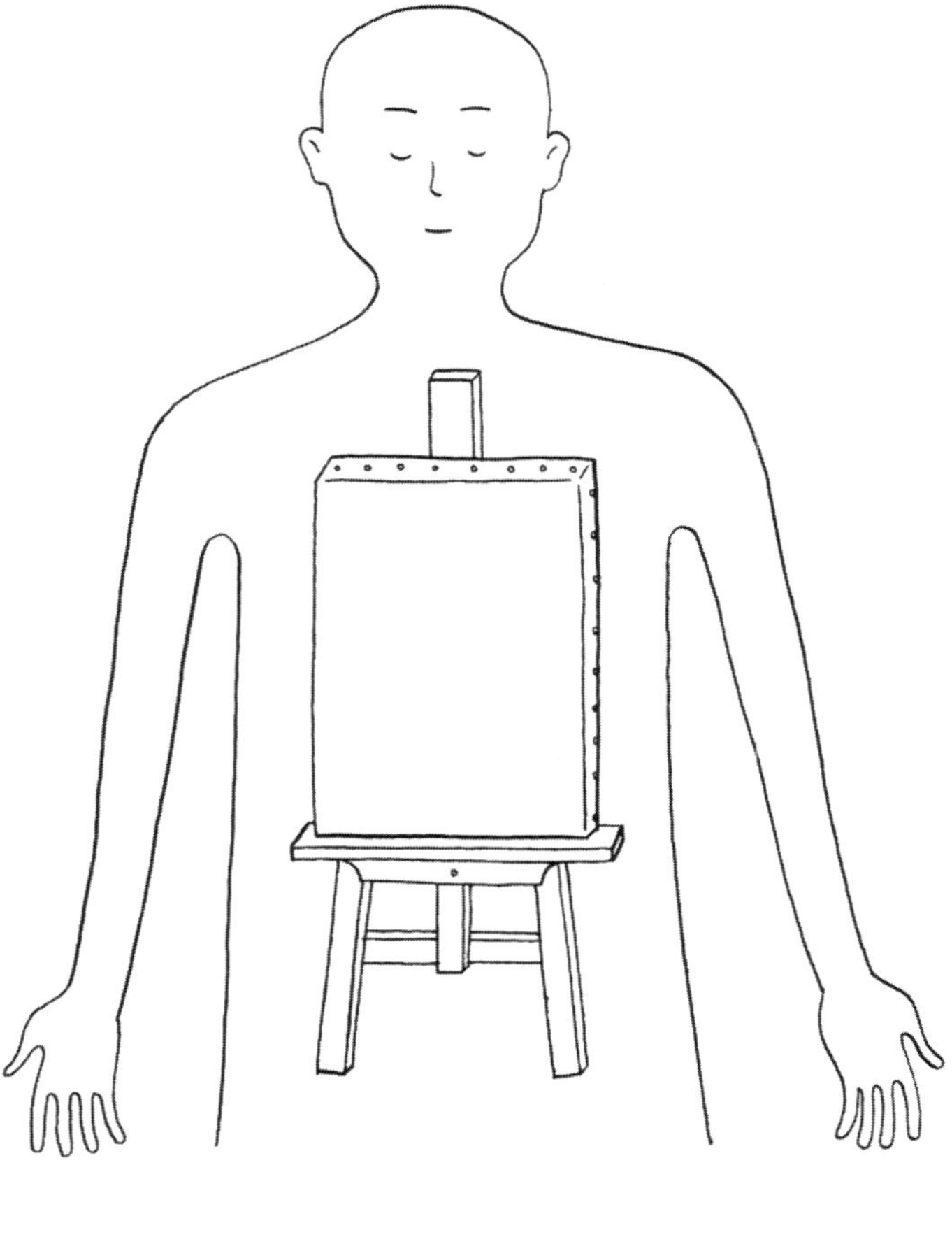

バスだと思ってください。心を白いキャンバスとイメージするのです。ここには、序章でお話ししたガンガジの言う「ほんらいの自分としての静寂」への入り口があるはずです。

ところが垣間見えたはずの静寂さは、あっというまに思考や感情で覆われます。それは雑念という絵具によって、キャンバスが彩られていくようなものです（綺麗な色彩かどうかはわかりませんが）。

でも塗られてもかまいません。

たとえキャンバスが落書きでいっぱいになっていても、クリアに映し出せさえすればよいのです。

キャンバスは心のありようで、自分自身ではありません。

ところが実際の私たちは、白紙のキャンバスになんらかの模様が描かれると、それを「キャンバス＝自分自身」だと思ってしまいます。「キャンバスが黒く塗られはじめているぞ……」ではなく、「私は黒い」――というように。I'm busy（私は忙しい）、I'm angry（私は怒っている）と表現されるように、私が〝それ自身〟になっていくのです。こうして「私」と「状況」が一体化してしまうことで、状況がもたらす思考や感情の渦に巻き込まれていきます。

またあとで詳しく説明しますが、いわゆる「切れてしまう」状態、思わず失言してしまうといったことも、渦に巻き込まれた結果です。

心地よい考えに用心する

世界的に有名な精神科医のダニエル・エイメン博士は、**人間が考えていることの95%は同じことのくりかえしだと語っています**。自分は変化に富んだ毎日を送っているので、そんなことはない……と思う人もいるでしょう。

無理はありません。「考える」ことの多くは、無意識のうちに湧いてきているからです。たとえば、

・営業成績が落ちたので、明日の会議で上司に怒られると思う
・とても神経質そうなお客さんが来たので、苦手だなあと思う
・商品が売れない理由は、営業部の努力が足りないからだと思う

といったように。これを「自動思考」と呼びます。

いずれも考えようとして考えているのではなく、ある出来事から思考が誘発されてきますね。そして概ね人は、いつも同じように考えるのです。

「いまのままではダメだ、変わりたい！」と思いながらも、毎日飽きもせずに95%も同じ思考をつづけているのは、同じほうが心地よいからです。

落ち着いて1冊の本を読みたい、時間管理して読む時間をつくらなければと強く思っていても、ついスマホを手にとり、オンラインゲームに時間を浪費してしまうのと同じ理屈です。

人間がほかの動物と違って厄介なのは、命ある生き物としての健全性と矛盾するような考えを、心地よく感じてしまうことが多い点です。

ゲームの場合、タイムロスや健康問題など、あとから問題を引き起こす危

険性があったとしても、こうした自動思考で一時的な心地よい行動を誘発しているのです。

過去の成功体験から抜け出せない企業も同じです。

たとえば、たくさんモノをつくって売りさばく仕組みを考えたとします。仕組みが成功して儲かり、楽しい思いをたくさんしてきました。そうすると社会の環境が変わって別の考え方や行動が必要とされるようになっても、慣れ親しんだ行動にしがみつこうとします。有名なイノベーションのジレンマ*です。

*すでに成功している優れた技術や商品をもつ大企業などは、その特色を改良することに意識を向けていく傾向がある。その一方で顧客の別の需要に目が向かず、新しい市場への参入が遅れる。1997年、ハーバード・ビジネススクール教授のクレイトン・クリステンセン氏が著書『イノベーションのジレンマ』で提唱。巨大企業の衰退の要因、それを防ぐための破壊的なイノベーションについて企業経営に大きな影響を及ぼした。

「おかしいな」と違和感を感じても習慣化して気にならなくなり、さらに年**月が経過すると、それ以外の世界が見えなくなっていきます**。もう自らの力で、自らの思考パターンの外に出ることが、不可能になるのです。

ですから思考のクセに気づいていくには、「**自分はどんな考え方を心地よく感じているのだろう?**」という問いを携えておくことが重要です。

甘い心のささやきを〝クールに〟聴く

「慣れている」ということは「ラクである」ということにつながるので、古くてイージーな自動操縦が定着してしまうのでしょう。**結果を出せる人、出せない人の違いは、この自動操縦状態をそのままにせず、いちど立ち止まって考えられるかどうか**、です。

古くてイージーな自動操縦を動かすのは「甘いささやき」という古いガソリンです。甘いささやきが、変革を止めてしまうのです。

２０１５年には日本の大手企業で不正会計が発覚、経営陣の責任が問われ、企業としての存立が危ぶまれる事件が表面化しました。

これも責任あるリーダーたちが、「どこでもやっている」「これがふつう」「前任者もこうだった」などの、甘い心のささやきを制御できなかった結果です。

心を白紙のキャンバスにして、甘いささやきに気づき、クールにその声を聴くことができれば、たとえ組織的な誘惑があったとしても、よりよい判断と行動の扉が開かれるはずです。

しっかり立ち止まって白紙のキャンバスに映し出すということは、「いま、自分のキャンバスには『どこでもやっている』という考えが浮かんでいるぞ」というように、自分の〝考えを眺める〟ことだからです。

世界最大の企業ＧＥの再興で、〝最高の経営者〟とも評されたジャック・ウェルチは、**経営者としていちばん重要なことを「セルフアウェアネス**（**自己認識**）」と語っています。まさにこれは、白いキャンバスに心を映し、それを客観視することです。

〝イラッ〟〝カチン〟を心に照らし出す

私の場合、自分で物事を決めて行動するのが好きです。反対に人から細々とした指示をされること、堅苦しいルールに従って行動すること、誰かに支配的に関わられるのは好きではありません。

そのため若いころは、細かい要求が多い人と対立したことが何度もあります。しかし冷静にふりかえれば、相手の細かさが活きる場合も多々あったのです。互いに長所も短所もあるので、自分が〝イラッ〟〝カチン〟ときたときに、どう自分の心を照らすかが大切です。

ここで、「いま照らし出されているのは、自分のどんなクセ？」という問いが役に立ちます。私の例でいえば、「細かいことを言う相手を否定したくなるクセが出ているぞ」という気づきです。

正直に言えば、いまでも同じクセが残っています。ただし違うのは、「あっ、またこういう場面でいやな感じがしてきたぞ」と、自分の心を照らし出せるようになったことです。

心地悪い考えに潜む可能性を探る

つまるところ、人間は自分が慣れていることを快適と思い、その領域に留まろうとする傾向があります。

ところが複雑な社会のなかで生き残り、本気で仕事の結果を出しつづけようとするならば、この快適ゾーンから外に出なければなりません。**世の中のイノベーターとされるような人、社会や組織の変革をリードする人に共通するのは、慣れているゾーンから一歩外に出る行動です。**

吟味できず急いで立てた目標が、時間の経過とともに現実的ではないことがわかってきたとしましょう。人に宣言した（組織で合意した）目標を撤回するのは、ふつうは心地悪いことですよね。私は震災後の東北の復興計画にも、そんな懸念を感じています。

企業経営の現場では、要職で経験を積ませれば伸びる可能性の高い若手を〝飛び級〟で抜擢できない、というのも一例でしょう。いままでの人事の常識を根本から覆すのは、経営者にとっても心地悪い考え方だからです。

あなたはどんなことを考え、どんな行動を起こそうとすると、心地悪くなりますか。

それらのなかには、ほんとうにそうするべきではないから心地悪いものだけではなく、ほんとうは目を向けるべき心地悪さが含まれている可能性があります。

ですから、いったい自分はなにを心地悪く感じているのだろう？　という問いも、大切なのです。特に私が多くのクライアントと関わってきた経験上、**どれだけ考えても、どんなに努力しても結果が出ずに泥沼にはまっているようなときは、完全に立ち止まって、「自分はなにを心地悪く感じているのだろう？」という問いを掘り下げることが役に立ちました。**

私自身、元来ゆったりとした環境でのんびり仕事をしたいほうです。ですから息せき切って先を急ぐようなタイプの人は苦手です。一緒に行動するのが心地悪いのです。ところがここで一歩だけ自分の快適ゾーンを踏み出て、スピーディーなタイプの人と関わっていくと、望んだ結果に早くたどりつけることがあります。**無理して相手に合わせるのではなく、眠っていた自分の可能性が拓かれてくるのです。**

あなたが心地よく感じる考えとは、心地悪く感じる考えとは。

両方の問いを自分の心に向けていくことで、成果が出ないという泥沼から一歩外に出る手がかりが得られるはずです。

感情をキャッチして言葉にする

1章で人間はひたすら考えている……ということを述べてきましたが、考えること、決めることを後押ししているのは感情です。

ここからは、もっと深く心を照らすために、「感じていること」にもアクセスしてみましょう。

日本語には、感情や情動（湧き起こっている一時的な激しい感情）を示したり、そのもとになっているような身体的な表現がたくさんあります。

脳裏をよぎる、瞼《まぶた》に浮かぶ、いまも耳に残る、胸がふるえる、ジーンとくる、ムカつく、キュンとする、胸がワクワク、胸のつかえが下りる、胸がしめつけられるようだ、胸にしみる、胃の痛む思い、腸《はらわた》が煮えくり返る、宙に浮いた気分、地に足がつかない……。

キャッチした感情を、まずひとことで、口にする、ボディランゲージで表現する、絵にするといった方法で表してみましょう。感情を頭で考えるのではなく、脳科学的に見て大もとにある身体に向けてみるのです。

もっと自分の言葉で言い表す

言い表したことを自分オリジナルの表現にしていくことで、さらに心に照らし出されるものが明確になってきます。

私がクライアントとコーチングをしていた際に、「胸が詰まっている感じがする」と話した人がいました。肉体的な異変ではないことは確認できていたので、一緒に「いま、そういう経験を味わっているのですね」と、まず状況を共有しました。

白紙のキャンバスに心を映し出す（108ページ）のところでも説明したように、状況を確認することで、「私＝胸の詰まり」ではなく、「私が胸の詰まりを経験している」と、経験を自分から切り離すことができます（〝客体化〟と呼びます）。これによって、得体の知れなかったフィーリングが、すこし見えるようになってきます。

そして次のような質問で、もっと解像度を上げていきます。

「胸が詰まっている感じがする」について……

・胸のどのあたり？

・そこになにがある？
・どのくらいの大きさ？
・色は？
・かたちは？
・温度は？
・触感は？
・ほかに特徴は？

何度も掘り下げていくことで、ますますそれは「自分」ではなく「経験」だということが認識されてきます。

こうして自分が感情に飲み込まれそうな状況を脱することによって、思考を後押ししている感情を制御していくきっかけがつかめます。

しつこいくらい丁寧に観察する

感情の正体がよくわからなくても心配ありません。

自分の心を照らして、可能な範囲で「いま自分の心にあるのは……」と見ていきます。こうやってひたすら心を観察しているときは、頭で新たな思考が生まれません。感じるモードになっているので、あれこれ思考をめぐらせるモードは休んでいるからです。

多くの場合、**ネガティブな感情に支配されている状態にしっかりと気がつけば、支配された状態から一歩、外に出ることができます**。

それは、「自分」ではなく、「自分がつくりだした状況」を見つめていることにほかならないからです。

決断する前の"1分間ルール"を設定する

ただし感情にふれる練習をする場合、深刻な経験やトラウマ（心的外傷）に関連することなどは危険なので、いきなりひとりでそうしたケースを扱うのは控えてください。もしいますぐそうした問題に目を向けたいと思ったら、プロの手を借りてください。ここで練習としておすすめするのは、ごく日常的な悩みや課題へのアプローチです。

精神的に健全な状態を保っていても、ほとんどの人がなんらかの葛藤を抱えています。たとえばビジネスでは、成果を出すために厳しい目標設定をしたいけれど、あまり厳しいと部下がついてこられない……といった矛盾が露呈する場合があります。

また将来にそなえてキャリアアップのための学習に週末を使いたいけれど、

家族とすごす時間も確保したい……といった悩みをもつ人もいます。

どんな小さなことでも、**なにかを決める前に1分間、自分の感情がどう動いているかを味わったうえで、複数の選択肢をそろえるようにしてみましょう。**

部下に指示を出そうとしているとき、「自分で考えることのできないヤツだ」といった批判や、その奥にある怒り、不安などが浮かんでくるかもしれません。

家族に合わせようとしているとき、すこしだけ静かに心の声を聴いていると、「これだけはゆずれない」という思いと、その根底にある情熱に気づくかもしれません。

しかしそれらを照らし出せば、「待てよ、もういちど部下の話を聴く手もあるな」といったように、ほかのアイデアが出てきます。

より複雑で判断のむずかしい問題のときは、1分間を3分間、あるいは5分間に延ばして実践してください。

決めようとしていることの、「決められ方」を観察する

ここまで述べてきたことは、組織全体の感情や意思決定にも通じるものです。職場において私たちは、さまざまなことを集団として〝感じながら〟意思決定をしていきます。**個人の感情のみならず、集団（職場）の感情というものがあるのです。**

しかし［感情］→［言語化された思考］→［意思決定］の流れは瞬時に起きるので、結論としての思考や意思決定には気づいても、背景にある職場の感情は自覚していない（または軽視している）ことが多いのです。

チームで決めようとしていることが、いまどんなふうに〝決められようとしているのか〟を、1分間だけ俯瞰してみましょう。意識さえすれば無理なくつくれるインターバルということで、ひとまず1分にしています。

あなたがチームのリーダーや会議の進行役であれば、ぜひ沈黙の時間（呼吸を整える時間、各自が静かにふりかえる時間）を提案してください。提案できる立場にない場合は、進行中であってもひとりで全体を俯瞰する（天井から会議を眺めるようなつもりで）ことを心がけましょう。

このようにしていくと、次のような感覚が湧いてくることがあります。

・なんかエネルギーが足りない
・ピンと張り詰めて硬直化している
・ダラッとしたまま
・みんなバラバラ

こうした状況は、口に出さずとも一緒にいる人の大半が感じているはずです。そのとき安易な方向に議論や意思決定が向かわないようにするには、他責にしないかたちでのフィードバックが重要です。

「かたい雰囲気がつづいているようで気になります」

「ここまでの議論では、まだエネルギーが出ていないように思います」

「まだみんながじゅうぶんに本音を出せていないのではないでしょうか」

「みんなの目的意識がバラバラのようです。もういちど確認しませんか？」


このような勇気あるひとことが、組織全体の心を照らし出すきっかけをつくります。**組織感情を無視していると、決めたはずのことが実行されない、いちおう取り組んではいるけれど、意欲が不十分で結果が伴わないことにつながります。**

感情の影響力については、ここまででかなり理解していただけたことと思います。あらためて確認しておきたいのは、**いつも完璧に感情をコントロールすることが大事なのではなく、移ろいゆく感情に気づくことが大事**だということです。前者は非現実的なのに対し、後者は実践をつづけることで確実に気づく力を鍛えていくことができます。そして、ひいてはそのことが感情の制御能力を高めていくのです。

「不動心」の真の意味

感情コントロールというと、どうしても「抑制する」「乱さない」ことを目指してしまいがちです。しかし乱れること自体はＯＫです。

ここで、「不動心」について、作家で工学博士の田坂広志先生のホームページの文章を紹介します。

「不動心」の真の意味　田坂広志

かつて、人間の「不動心」について、
興味深い心理学実験が行われました。

最近、座禅の修行を始めたばかりの若者と、
永年、禅寺での修行を積んだ禅師の二人に、
座禅中の脳波の測定実験を行ったのです。

最初、二人同時に、
座禅による瞑想状態に入ってもらい、
その脳波を、それぞれ測定したところ、

二人の脳波は、いずれも、
整然とした波形を示しました。

そこで、二人を驚かせるために、
突如、大きな音を立てたところ、
二人の脳波は、いずれも、
大きく乱れた波形を示したのです。

結局、永年の厳しい修行を積んだ禅師も、
決して「不動心」ではありませんでした。

しかし、実は、
その後の二人の脳波が、
大きく違ったのです。

若者の脳波は、音が静まった後も、
いつまでも乱れ続けたのですが、
禅師の脳波は、すみやかに、
もとの整然とした波形に戻ったのです。

この興味深い実験結果は、
「不動心」の真の意味を、教えてくれます。

「不動心」とは、
「決して乱れぬ心」のことではない。

「不動心」とは、

「乱れ続けない心」のことなのです。

（田坂広志公式サイト『風の便り　第36便』より転載）

乱れることは問題ではない。乱れつづけないことこそが「不動心」である、ということの言及に、私は感動しました。乱れた心を静寂にもどすことこそが、心を照らす練習の目的なのです。

湧いてきた感情を絵にする

感情をよりクリアに照らし出すために、いまこの瞬間に現れている感情を絵にすることもおすすめです。これは照らし出されている感情を、他者と共有したいときにも有効です。

なぜなら「私はプロジェクト遂行に自信がありません」とか「私はチームに不信感を抱いています」といったことは、なかなか言葉で表現しにくい場合もあるからです。また正確にニュアンスを伝えようとすると言葉に詰まり、けっきょく発言できないということも起こります。

絵を描くときはコンピュータのアプリケーションではなく、手を使ってアナログスタイルで行います。手を使って描くことで脳幹にあるＲＡＳ（網様《もよう》体《たい》賦《ふ》活《かつ》系《けい》）の細胞が活性化されるからです。

この細胞の活性化によって、自分が意識しているテーマに注意が向いてきます。そして、「**描く→自分の状態への注意力が高まる→クリアに感じる→さらに描く**」という好循環が生まれ、自己認識が高まるのです。

1　スケッチブックを用意します。
2　24色の色えんぴつを手もとに用意してください。
3　これからすることの意図（例：自分の気持ちをたしかめる）と、テーマ（例：転職の誘い）をはっきりさせる。
4　心をサーチライトで照らし、あなたの心のキャンバスを見つめます。
5　心のキャンバスに浮かんだイメージを絵にしていきます。

こうした感情の見える化による自己認識が、むずかしいビジネスの決断の原動力となっていきます。絵を描き、イメージを確認することで、

「自分はこれほどまでに、いまのスタッフとの信頼関係に不安を感じていたんだな。転職を真剣に考えてみようかな」

「自分がこんなに疲れている状態で部下に指示を出しつづけるのは危険なので、無理を言ってでも2日間休ませてもらおう」

など、正しい理性を取りもどすことができます。カラーページの実践例を

参考にぜひ試してみてください。

3つのモンスターを心に映し出す

一時的な激しい感情のことを情動と呼びます。**情動は質の高い意思決定の大敵です**。他者からの攻撃や批判など広い意味で自分の身を脅かす状況になると、情動がモンスターのように理性の働きに襲いかかります。

こういうときは大脳辺縁系のなかにある扁桃体という場所に、急激に血液が集まってきます。そのため理性的な思考を担う前頭前皮質への血流が低下して、理性の働きが鈍ってしまいます。こうなってしまうと、**落ち着いているときは高度な判断ができる前頭前皮質において、単純で浅薄な指示しか出せなくなってしまいます**。

単純で浅薄な指示とは、「**攻めろ**」「**逃げろ**」「**止まれ**」の3つです。専門的には闘争・逃走・硬直反応と呼ばれ、生き物としてのサバイバルに直面していた原始時代の祖先から受け継いでいるメカニズムです。

情動は受けとめるしかないので、あらかじめこれら3種類のモンスターが存在することを知っておいてください。

私たちは人間であるかぎり、モンスターの出現を防ぐことはできません。あなたがどんなときに攻撃的になったか、逃走的になったか、硬直してしまったかを思い起こしてみましょう。

・会議で突然叱責されたとき
・アンフェアな振る舞いを目の当たりにしたとき
・嫌いな人が成果を出したとき
・突然、顧客から一方的に契約解除を言いわたされたとき
・部下がとんでもない失敗をしたとき

モンスターのどれかが心に照らし出されたら、しっかりと気づいて制御する。ここが大事なポイントです。

心のモンスターの出現パターンを思い出す

では、あなたの内なるモンスターの調教をはじめてみましょう。練習ですから低いハードルから飛びはじめることで、実践の感覚をつかんでいきます。まずは状況をイメージしてみるところから……。

誰かと仕事のやりとりをしているときに、ちょっと意見が食い違いはじめた場面を思い出してください。その相手が従来から仕事の手を抜きがちで不信感を抱いている部下だったら、「またピント外れなことを言い出したな……」と、あなたの脳は「**攻めろ**」の指令を送るかもしれません。

周囲から恐れられている怖い上司と意見がすれ違いはじめたら、「**逃げろ**」の指令にもとづき、急に相手に話を合わせはじめるかも。

社長がまったく想定外の事業プランを説明しはじめて、なにがなんだかわからず〝かたまってしまった〟ときは、「**止まれ**」の指令に沿っていることになります。


このようにさまざまな場面で登場しているであろう「闘うモンスター」「逃げるモンスター」「かたまるモンスター」を思い出してください。

心のモンスター登場シーンを語る

3つのモンスターのうち、過去にあった典型的な事例をひとつ見つけてください。次にA4用紙を1枚用意して、縦にしてふたつに折ります。真ん中を直線で区切り、そのときの実際のセリフを左に書いてください（やりとりのダイジェストを簡略的に書くだけでOK）。

さらにもう1枚のA4用紙を用意します。そして先の事例でモンスターが登場するシーンを、用紙に絵にしていきます。そのとき、どんな感情が湧き起っていたかを表現してください。

思う存分に書けたら（怒りにまかせた殴り書きでもOK）、それを事件の解説者になったつもりで説明してみます。ひとりでする場合は、モンスターに支配された過去の自分に対して、いまのあなたが客観的に説明してあげるつもりで。また誰かと一緒に、おたがいの経験を語り合うのもいいでしょう。

いずれの場合も、**「このときの私の経験は〜」という主語で書きます**（**話します**）。「私は」ではなく、あくまでも「私の経験」として話すのがポイントです。日本語として変でもあえてこれを徹底します。そうすることで、「**私**」**と「経験」を分けていく**のです。

心のモンスターを調教する

ふたたび最初に用意したA４用紙にもどり、真ん中に線を引いて分けた右側に、モンスターを調教したうえでの最善のシナリオを書いてみます。

先ほどの例で説明すると、「意見のすれ違い」で「攻めろ」の指示にしたがって、「またくだらない意見を言いやがって。意見を言いたければルーティンワークをきっちりやってから言えよ」と攻撃してしまい、関係が最悪になったとします。

あのときの「最善のシナリオとは？」と考えてみてください。すると、「あなたの意見はわかりました。ありがとうございます。ここでもう一度プロジェクトの目的を考えてみましょう。第一の目的は○○なので、あなたのアイデアを実行してもこの目的に直接貢献しないと思いますが、どうですか？」

と理路整然に、「ふだんの不信感を言及せず、意見に対しての答えだけ述べる」のが最善のシナリオだったということがわかるかもしれません。

整理すると次の手順です。

・A４用紙を縦にしてふたつに折り、左半分にモンスター登場シーンを書

く（その場面の簡単なやりとり）
・別のA4用紙に、それぞれの情動を絵で表す
・「このときの私の経験は～」を主語にして説明する
・最初のA4用紙の右側に、モンスターを調教した最善のシナリオを書く
・「このとき隠されていた私の最善の経験は～」を主語にして説明する

この練習をしているうちに、好むと好まないとにかかわらず、モンスターが現れるリアルな場面がやってくるはずです。

激しい情動に支配されそうになったとき、手もとにA4の紙がなくても、「今日のモンスター」を鮮明に認知できるようになれば確実に行動は変わります。モンスターにも巨大なものから小さなものまでいるので、毎日のように登場する小さなモンスターから、リアルな調教の練習をしていきましょう。

134ページ「湧いてきた感情を絵にする」の実践例。いま現在の心のキャンバスを絵にしてみた。楽しい企画やワクワクする仕事が胸にいっぱいあるが、出社したとたん嫌な気持ちになり、黒い雲がかかって見えなくなってしまう。

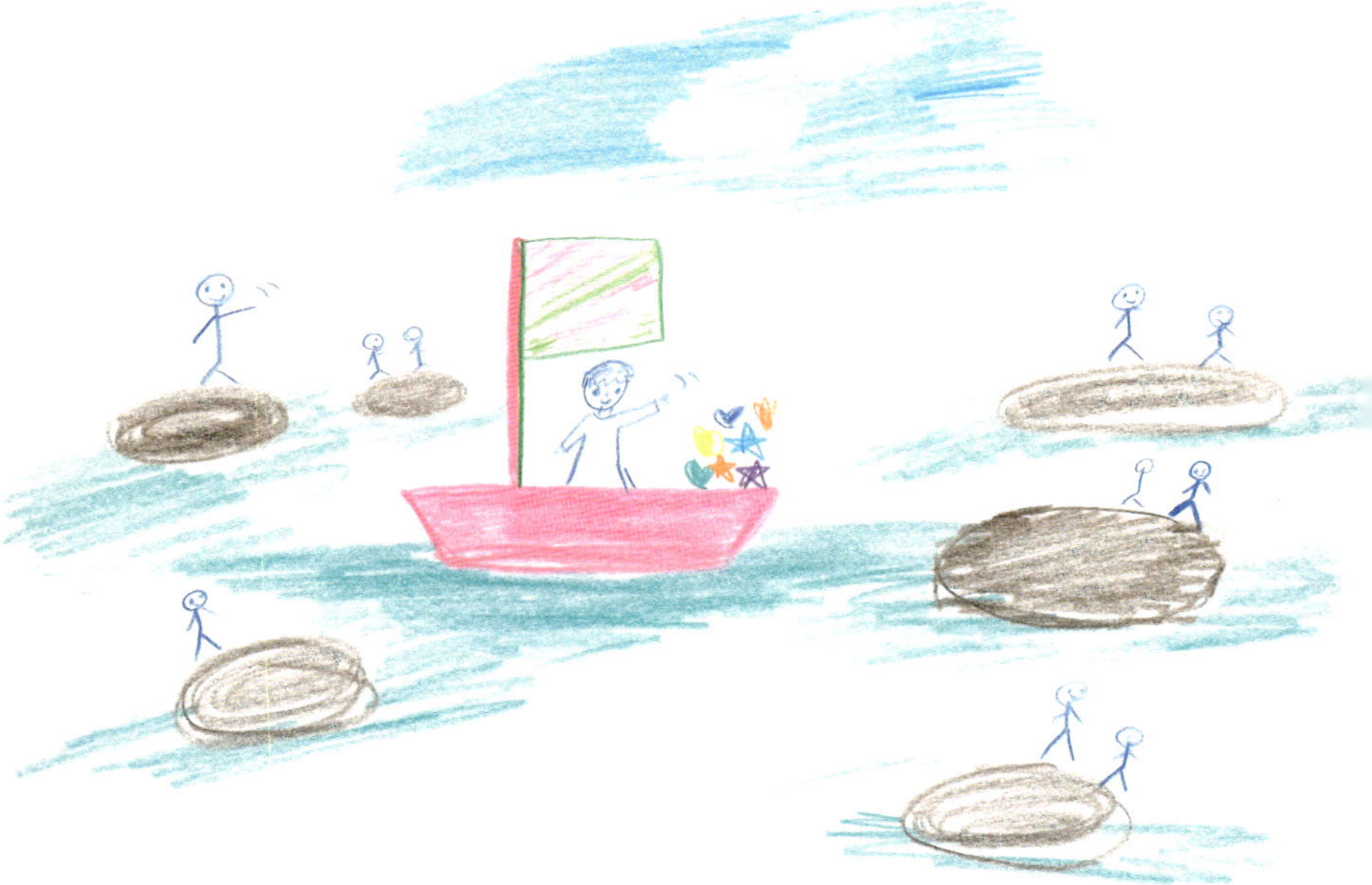

そこで転職後をイメージしてみた。別の会社に転職するテーマを胸に絵を描きはじめたが、ひとりで仕事するイメージが浮かぶ。かといって孤独ではなく、いろんな島に一緒に仕事をする素敵な人がたくさん待っている絵になった。

柔道家の高校１年生の心のキャンバス。試合のときの脳のイメージ。闘志が燃えていて熱いのだが、頭の中は真っ白で非常に静か。

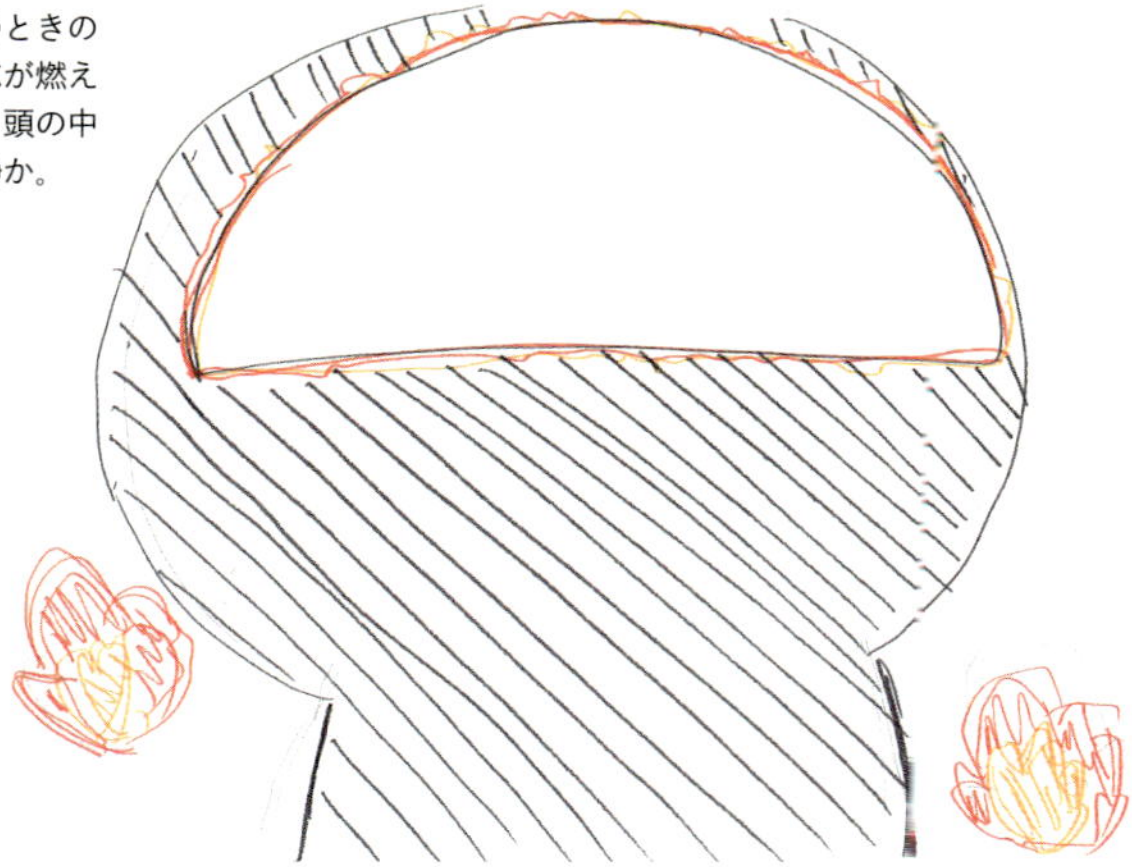

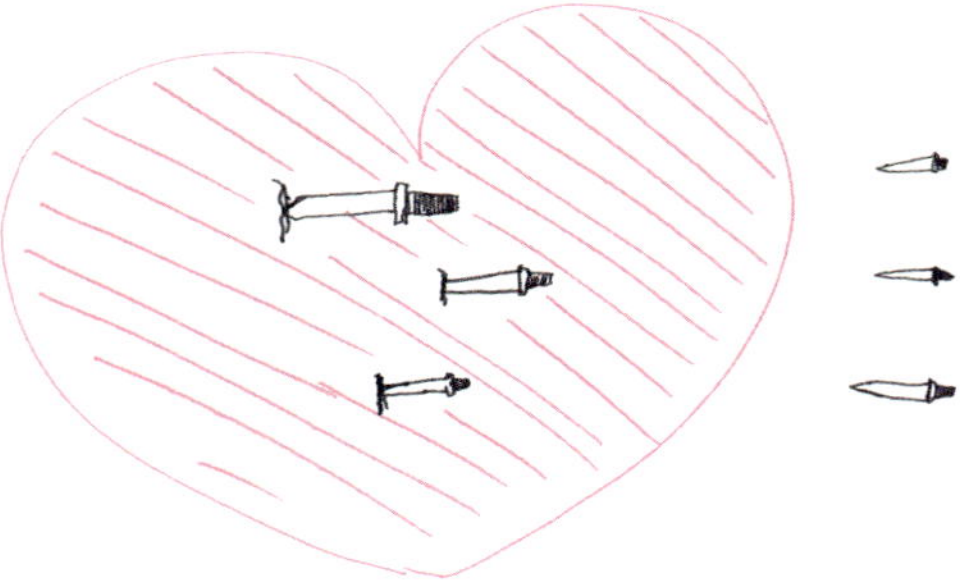

母とケンカしたときの心のキャンバス。自分の心にナイフがたくさん飛んできて突き刺さっている。

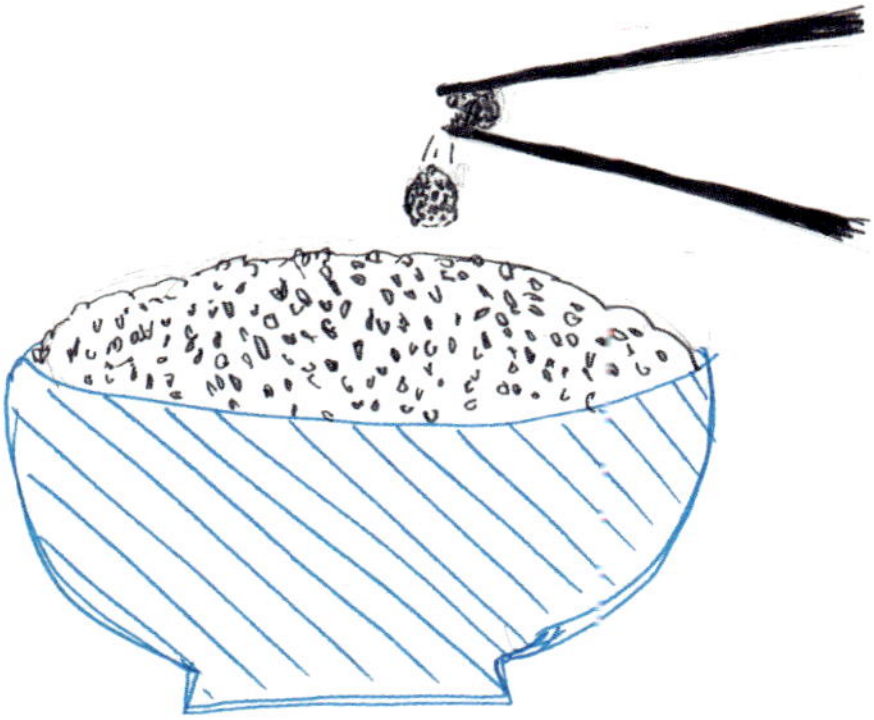

母に突然ダメ出しされて固まるイメージ。食べようとしたごはんがポロリと落ちたまま箸を動かすことができない。

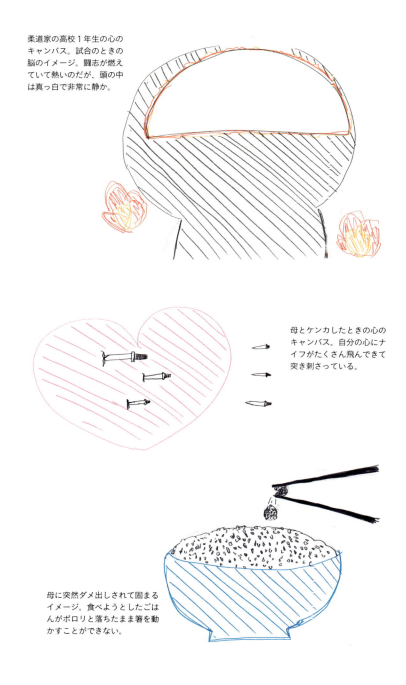

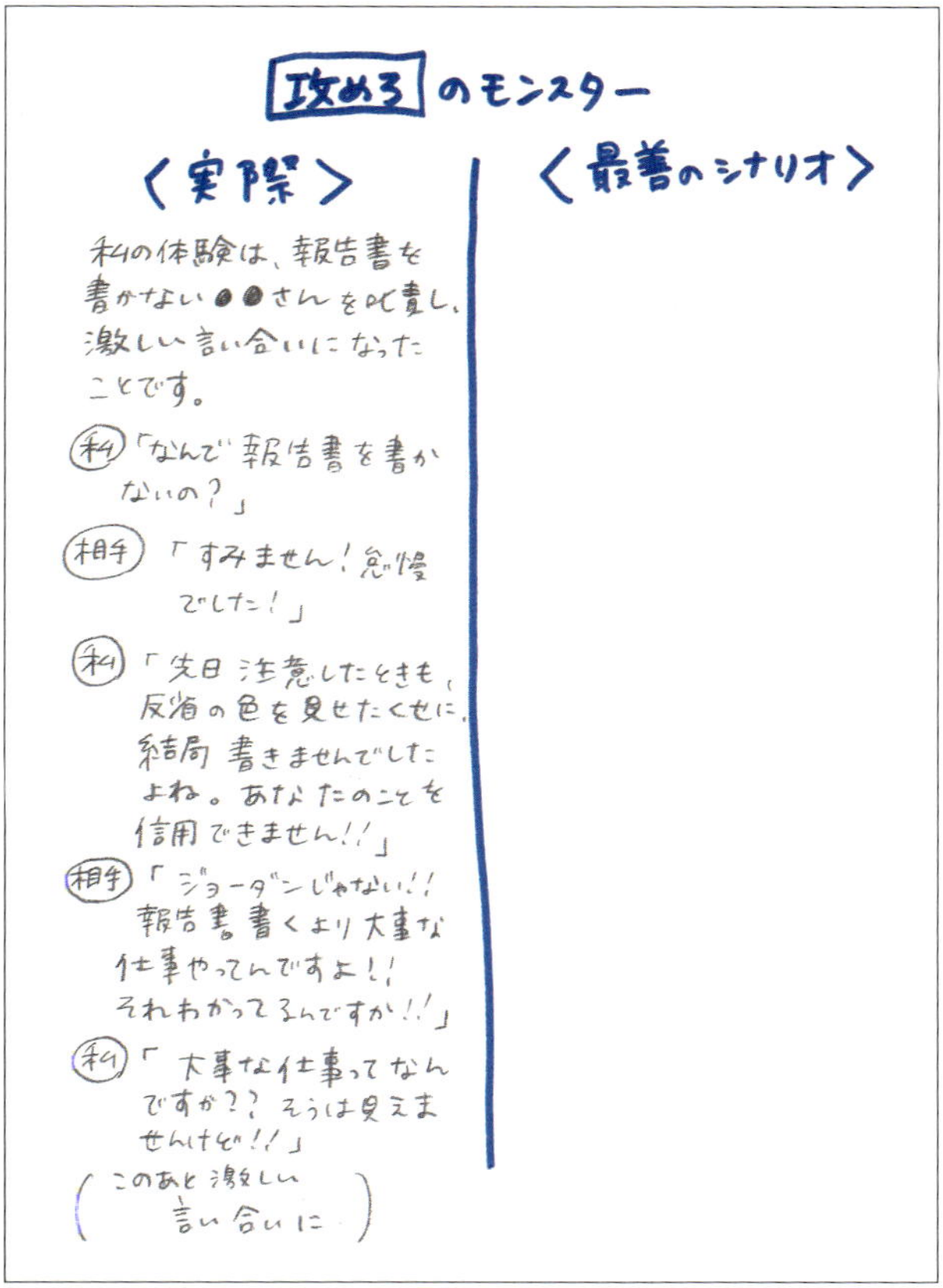

攻めろ のモンスター

〈実際〉

私の体験は、報告書を書かない●●さんを叱責し、激しい言い合いになったことです。

私「なんで報告書を書かないの？」

相手「すみません！ 怠慢でした！」

私「先日注意したときも、反省の色を見せたくせに、結局書きませんでしたよね。あなたのことを信用できません!!」

相手「ジョーダンじゃない!! 報告書書くより大事な仕事やってんですよ!! それわかってるんですか!!」

私「大事な仕事ってなんですか？？ そうは見えませんけど!!」

（このあと激しい言い合いに）

〈最善のシナリオ〉

140ページのモンスター登場シーンのワーク。「攻めろ」のモンスターが登場。実際のセリフを大まかに書き出した。

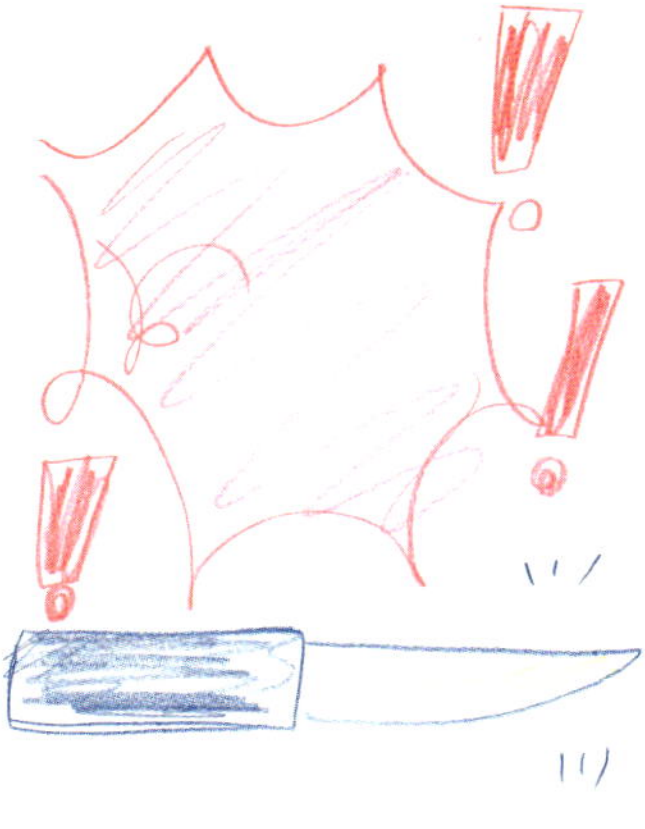

そのときの感情を絵に描き説明してみる。正義感・使命感で注意をしたつもりだったが、怒りと攻撃の感情に支配されていたことに気がつく。

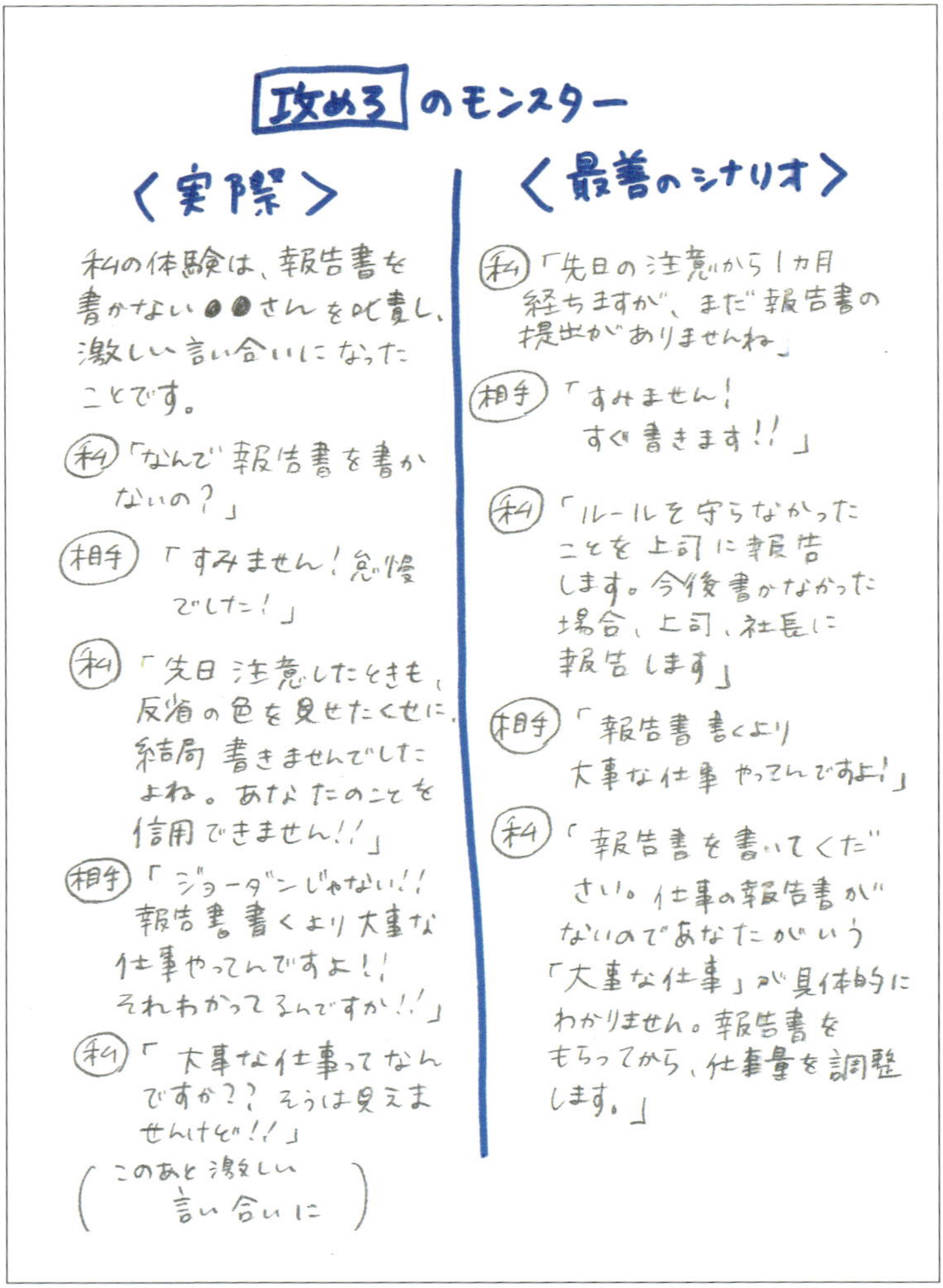
攻める のモンスター

〈実際〉

私の体験は、報告書を書かない●●さんを叱責し、激しい言い合いになったことです。

私「なんで報告書を書かないの？」

相手「すみません！怠慢でした！」

私「先日注意したときも、反省の色を見せたくせに、結局書きませんでしたよね。あなたのことを信用できません!!」

相手「ジョーダンじゃない!! 報告書書くより大事な仕事やってんですよ!! それわかってるんですか!!」

私「大事な仕事ってなんですか？？ そうは見えませんけど!!」

（このあと激しい言い合いに）

〈最善のシナリオ〉

私「先日の注意から1カ月経ちますが、まだ報告書の提出がありませんね」

相手「すみません！すぐ書きます!!」

私「ルールを守らなかったことを上司に報告します。今後書かなかった場合、上司、社長に報告します」

相手「報告書書くより大事な仕事やってんですよ!」

私「報告書を書いてください。仕事の報告書がないのであなたがいう「大事な仕事」が具体的にわかりません。報告書をもらってから、仕事量を調整します。」

最善のシナリオを右横に書いてみた。
もしもこのような冷静な対処をしていたら、結果（現在の関係性）は変わっていたことに気がつく。

最強モンスターの襲来にそなえる

ここでいう小さなモンスターとは、「部下のしょぼい企画書にカチンとくる」くらいの、いわば想定できる感情の高ぶりです。それに対して巨大なモンスターは、1年のうち（あるいはもっと長い期間のなかで）いちどあるかないかくらいの、想定外の出来事に対する反応だと思ってください。たとえば「事情も知らない他部門のマネージャーから、自分の仕事の価値を全否定される」、「いきなり人事部から呼び出されて、左遷とも受け取れる異動を通告される」など。

そこで、そもそも自分はどんな出来事、どんな相手に反応しやすいのかを考えて、巨大モンスター登場のケーススタディをつくってみましょう。

次のような切り口で考えてみてください。

・仕事でもっともプレッシャーのかかる場面
・つい反射的に〝口撃〟してしまう相手
・思わず我を見失ってしまうシチュエーション
・なぜかとても苦手な相手

こうした観点からみていくと、危険なパターンやタイミングが見えてくるはずです。これは家庭内などプライベートなシーンでも役に立ちます。以下、恥を忍んで私の実例をカミングアウトします。

【パターン】
子どもとの関わり方についての妻との相違

【実際の経験】

学校の試験の結果が悪く、娘を叱りつける妻。妻の一方的な言い方に反応して、「そういう言い方はやめろ」と、つい娘の前で妻を否定する私（闘うモンスター登場）。「私が悪いって言うの？」と妻の矛先が私に向き、本題そっちのけで不毛な争いに。

【最善のシナリオ】

自分が妻の言い方に「いやだな」と反応する兆候に気づき、立ち止まってみる。あいだに入って妻の言い分を聞く。考えを理解していることを伝えたうえで（たとえ考え方が違っても）娘と話す。

小さなモンスターの調教に慣れてきたら、巨大モンスターとの遭遇体験をひとつ思い出してください。ただし、すでに解決済のケースか、いい意味で風化して心にしこりが残っていないケースにしましょう。

90秒だけ心のブレーキを踏む

巨大なモンスターに対処するコツとして「90秒の間《ま》」をつくってください。とにかく反射的に反応したくなったときに、**とりあえず90秒だけ「なにもしない」のです。「なにもしない」とは、「心と身体の様子を、ただ観察する」ということです。**

前述したように、人間の感情は脳のなかでつくられてから消えていくまで、およそ90秒くらいだという説があります。完全に証明されているわけではありませんが、静止と観察が役に立つ可能性は高いのです。

なぜならブレーキを踏まなければ巨大モンスターは思うままに暴れ、かき乱されている感情についていろいろ考えることで、さらに感情が増幅するからです。つまり巨大モンスターに餌を与えてしまうのです。

ブレーキを踏まないことで、たとえば職場でのちょっとした意見対立が過去の怨念に飛び火し、意見の相違が個人的な好き嫌い、疑心暗鬼からくる不毛な論争に発展していきます。厳しいノルマや納期を背負った強烈なプレッシャーが、特定の相手に対する怒りや自分の将来への不安などを、巨大なモンスターに仕立て上げていくこともあるでしょう。

人間関係の複雑なもつれや個人的な心の闇を、90秒間のブレーキですべて解決できるわけではありません。けれども**止まらなければ、さらに悪化する**ことを覚えておいてください。止まることが次の対処に不可欠な一歩なのです。

90秒ルールの実践を勝敗表にする

ただしルールを課したからといって、すぐに実践できるわけではありません。90秒ルールを意識しても、車の運転中、割り込んできた車に対してカッとなって車内で悪たれ口を叩く、納期を守らない部下を叱責する……。人間、弱いものですね。

それでも90秒ルールを単に自分のルールにしておくだけで、「あーあ、またルールを守れなかった」という認識がもてます。「よーし次こそは」という気持ちで、週単位または月単位の〝勝敗表〟をつくってみましょう。

激しい情動を感じたとき、言動を起こす前に、90秒止まれたか止まれなかったか。カレンダーに○×をつけていくだけでOKです。

これをつづけていくと、90秒間「ただ停止する（しようとする）」だけで、少なくとも最悪の選択が減ってきます。これは大きな変化に向けた期待感を高め、次の行動へのモチベーションを与えてくれます。

心のスポットライトを切り替える

実際のところ、心を照らす練習が現代ほどむずかしい時代はありません。それは、あまりにも情報量が多くて刺激的かつ変化の激しい世界で生きているからです。

だからこそ、いまほど心を照らす練習を必要としている時代はない、ということでもあります。

あらゆる情報が24時間どこからでも自分のもとへ飛んできます。私たちの関心は、否応なく外に向けられていきます。こうした**情報から自分が受けて**

いる影響に気づくことが、結果を出すための第一歩となります。

またバーチャルリアリティの発展は、生き物としての実体を見えにくくさせています。心を照らし出しているつもりでも、ネットで広がっている意見を自分の考えだと錯覚して、増幅された集団意識に飲み込まれているだけかもしれません。

そこで、章の最後にもうひとつだけ練習の提案です。

実際に心にスイッチがあると思って、手を使い身体を動かして「心を照らすサーチライトのスイッチをオンにする」ことを実践してみましょう。

胸はフィーリングを感じやすい場所なので、そのなかにスイッチがあると思ってください。おなかのほうがやりやすければ、そちらでもかまいません。どちらかの場所を決めて、やさしくどちらかの手をそっとあてます。そして呼吸の波とともに束の間をすごします。

3分くらい呼吸の波を感じてみましょう。胸（おなか）と接している手の

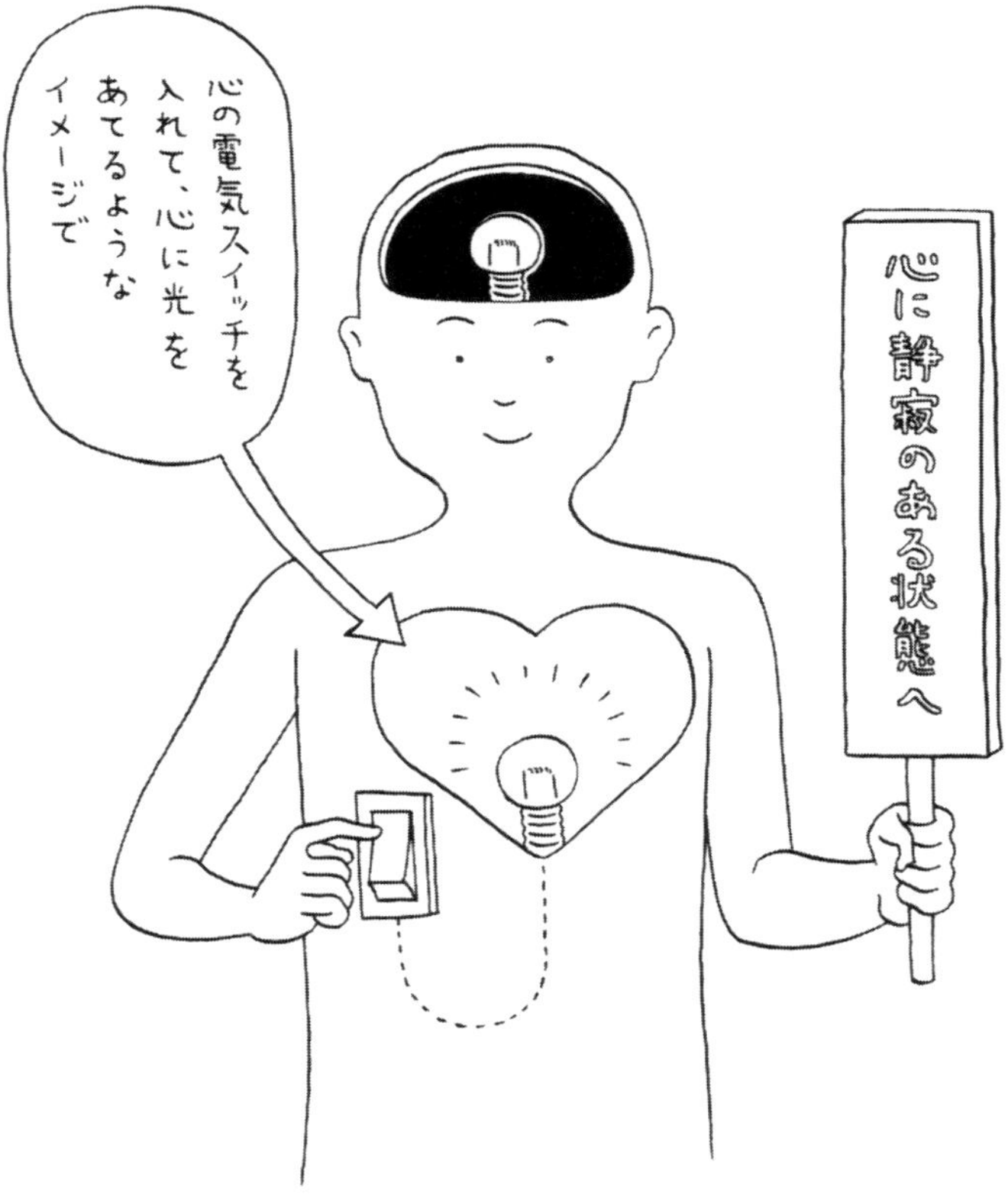
心の電気スイッチを入れて、心に光をあてるようなイメージで
心に静寂のある状態へ

ひらがスクリーンとなり、いろいろな思いが映し出されてくるかもしれません。

うまくいくときもいかないときもあると思いますが、つづけてみてください。そのうち次第に、外を照らしていた意識のスポットライトが、グルッとまわって心を照らしはじめます。慣れてきたら、スイッチの切り替えができた感覚になります。心を照らすと、思考のぐるぐるが客観的に見えてきます。そして次第に収まってきます。

この感覚をつかむことが、変動の激しいビジネス社会を生きていくための、基盤となっていくでしょう。

第4章

仕事の質を高める呼吸の練習

よい呼吸を習慣にする

ふだんから自分の呼吸を意識している人は、そんなにいないと思います。呼吸は不随意（意識的にコントロールできない）の自律神経系が司っており、自分がしようとかやめようとか考えるまでもなく、勝手にくりかえされているのですから。

しかし内臓器官の動きや発汗、体温調節などと違い、呼吸だけは自律神経の働きであっても自分で介入することができます。ですから緊張して息が浅くなったときに、「さあ深呼吸して落ち着こう……」などと促すことができるわけです。

仕事においても、呼吸はとても重要なポイントです。ストレスが高まっているときは呼吸が浅くなり、仕事のパフォーマンスや健康に悪影響を及ぼします。脳における酸素の消費量は身体全体の約20%を占めています。それなのに**呼吸が浅いために、いちばん頭を使う必要のあるときに頭が働かなくなるのです**。燃費の悪い脳だからこそ、質の高い呼吸が欠かせないのです。

そして質の高い呼吸によって心身の最適化が促され、それが圧倒的なパフォーマンスに必要不可欠な静寂を支えることになります。

ストレスが呼吸に影響するのは、呼吸などの生命活動を司る脳幹の疲労が根本要因ですが、それに付随して姿勢の悪化など日常的な問題も出てきます。特にデスクワークによって猫背になり、腕が内側に入って胸が閉じ気味になると、浅い呼吸が常態化します。静寂を得るにはほど遠い状態です。

よい呼吸を習慣化することは、走りつづけるビジネスパーソンの基盤といえます。そして呼吸は、練習によって誰でも改善することができるのです。

息を吐き切る練習をする

深呼吸とは、どんな呼吸でしょう。

深い呼吸をそう呼ぶことは誰にもわかるけど、それが実際にどんなもので、どうすればできるかは意外に知られていないようです。深呼吸の基本になる腹式呼吸をしてくださいと言ってやってもらうと、「あれっ？」というように戸惑う人がいます。

腹式呼吸はおなかをポンプのようにして、ふくらませたりへこませたりしながら行う呼吸です。鼻から吸った息は肺をとおり、おなかに入っていくときに大きくふくらみます。

そしてふくらんだおなかに入っている空気は、ポンプを押すようにおなかをへこませると、肺をとおって鼻から外へ出ていきます（基本的にすべて口呼吸ではなく鼻呼吸が基本です。現代人は口呼吸になっている人が多く、その弊害の多さは医学的に明らかになっています)。

深呼吸がうまくできない人が多いのは、じつは深呼吸を促すときの決まり文句にあるのではないかと私は思っています。その決まり文句とは、「さあ、吸ってぇ……吐いてぇ……」という、あれです。

しっかり腹式呼吸をするには、**吸うよりもまず〝吐き切る〟ことが大切**。それによって吐く息と吸う息のバランスがとれて、ほんとうの深呼吸ができるようになります。

なぜかと言うと、呼吸を司っている体内の呼吸筋(安静時は横隔膜、ほかに外肋間筋、内肋間筋などさまざまな筋肉が作用しています)による自然な働きにおいては、息を吸う力のほうが吐く力よりも強い傾向にあるからです。

ストレスマックス状態になって過呼吸で倒れる人がいますが、あれは吸っている息の量が吐く息の量を大きく上回ってしまった状態です。すぐ過呼吸になってしまう過換気症候群の人は、吸った息をじゅうぶんに吐き出す力が弱くなっています。

ですから予防策として、また質の高い呼吸を維持する方法として、息を吐き切る練習をしてみましょう。

バースデーケーキ呼吸法で呼気を鍛える

息を吐き切ることができれば、その寸前あたりからすごく息を吸い込みたい本能的な欲求が高まってきて、吐き切った瞬間から一気に吸い込んでいくことができます。吐く力を鍛えるエクササイズとしておすすめしたいのが、〝バースデーケーキ呼吸法〟です（私が名づけました）。

目の前に誕生日のケーキがあることをイメージしてください。そしてケーキのうえにある蠟燭に火が灯っています。それを一気に吹き消す勢いで、口

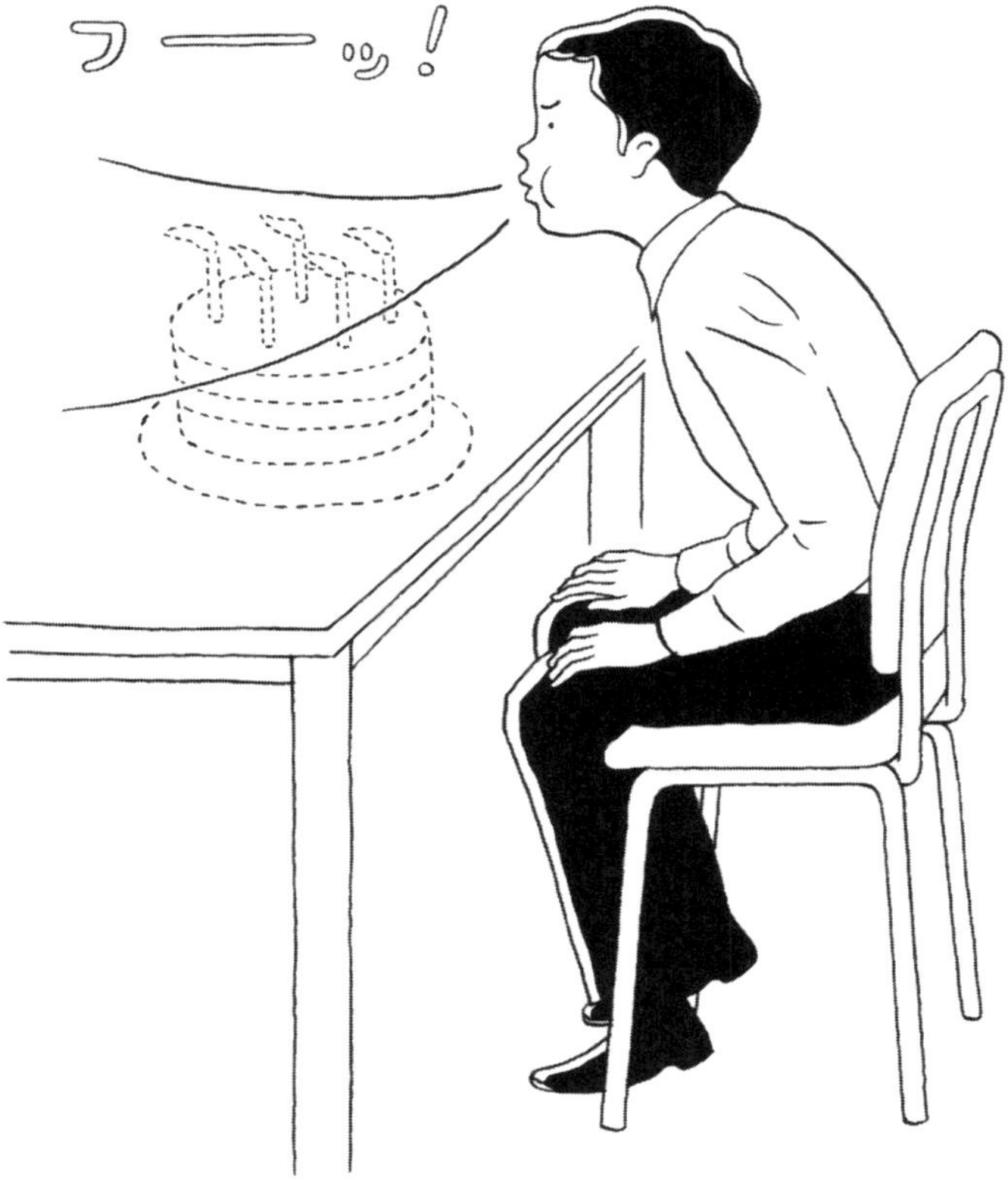
フーーッ!

をすぼめてパワフルかつスピーディーに火を消していきます。もちろん実際には、パワフルかつスピーディーに息を吐いていくわけです。

口呼吸はダメだと書きましたが、ここでは吐く力を鍛えるために、あえて口で息を吐きます。あくまでも自然な鼻呼吸の質を高めるための練習です。吐くときに、腹圧をかけていくことを意識してみます。簡単に言えば腹筋に力を入れていくイメージです。

そして吐き切った瞬間にスイッチを入れ替えるようなつもりで腹筋を緩めてあげます。そうするとスムーズにおなかをふくらませながら、息を入れていくことができるようになります。

すこし慣れたら完全呼吸の練習をする

腹式呼吸は深呼吸の基本です。ヨガなどで行う完全呼吸（コンプリートブレス）は、腹式呼吸をさらに極める方法です。これはなかなか職場で仕事をしながら実行するのはむずかしいと思うので、朝や夜など落ち着いて時間のとれるときに練習してみてください。一般的な腹式呼吸よりもすこし複雑なので、プロセスを順序立てて紹介します。

①完全に息を吐き切る

まずおなかをへこませながら、ゆっくりと鼻から息を吐いていきます。完全に吐き切ることを意識するために、片方の手をおなかに、もう片方の手を胸に軽くあて、呼吸の波が通過していくことを想像しながら行うのもおすすめです。

②腹筋を緩めて息をじゅうぶんに入れる

ゆっくりと息を出し切ったら両手を離し、腹式呼吸の要領で腹筋を緩め、おなかをふくらませながら息を入れていきます。このとき胸と内臓のあいだにある横隔膜が下がり、押し出されるようにして内臓が前に出てきます（これがおなかのふくらみ）。

おなかに吸い込んでいる息が肺から上がって、胸、気管支と流れてくると思ってください。このとき胸郭は息を入れていくために開きますが、これが胸式呼吸の動きになります。胸部を意識的に前に突き出すくらいのつもりで行ってみましょう。

これで腹式呼吸と胸式呼吸が連動しました。

だいぶ胸が前に突き出た状態で、こんどは肩と鎖骨を開いて息を入れるつもりで、さらに吸っていきます。肩が少し上がっていき、もうこれ以上は吸

①鼻からゆっくりと息を吐きます

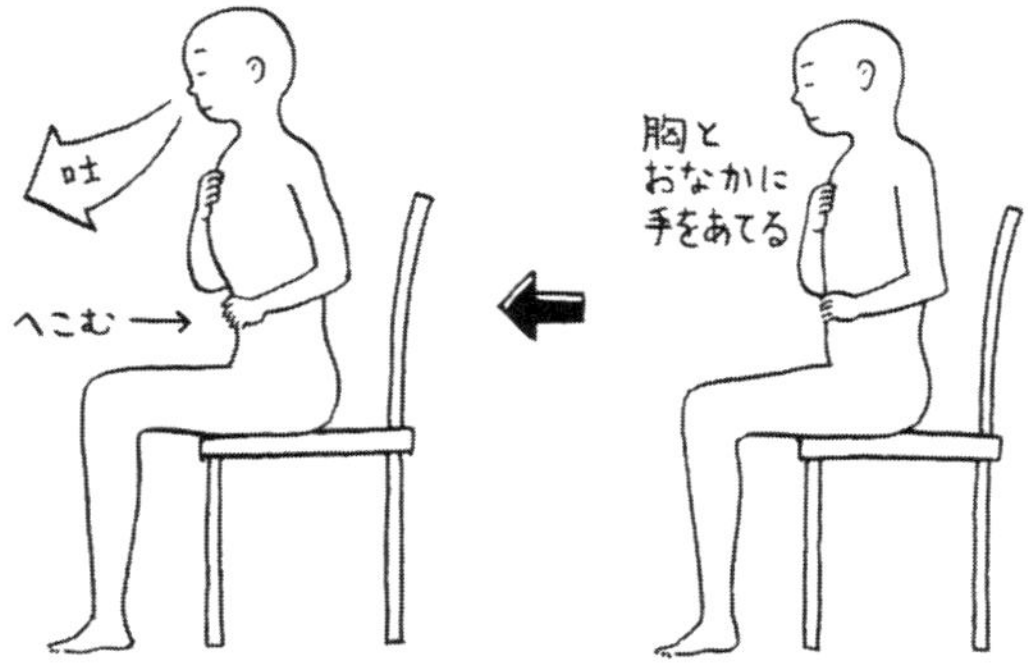

②おなかをふくらませながら息を入れていきます

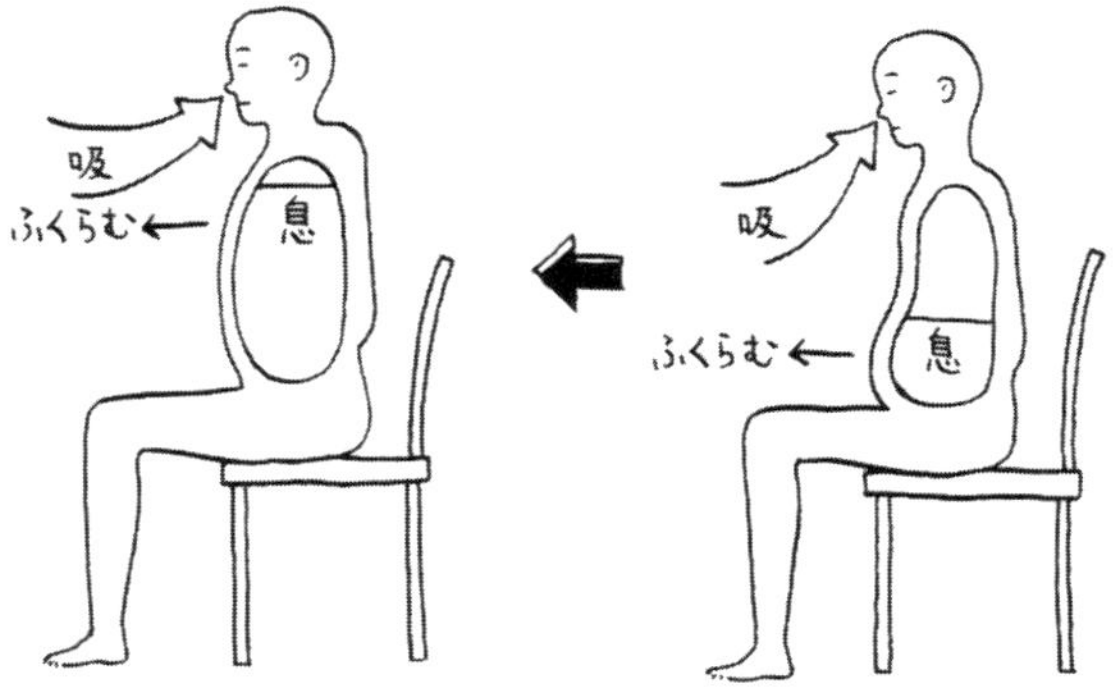

えないというところで、肋骨を持ち上げる感覚で最後の息を入れてみてください。

最初はふくらんでいたおなかは、胸式呼吸から肩・鎖骨呼吸へと流れていくにつれて少しへこんできます。これは練習をくりかえしているうちに、自然にできるようになります。

③3秒間、息を止める

吸い切った息を出す前に、3秒くらい息を止めます。3秒ですからごく自然な小休止の感覚です。ここで上半身の力を抜いて、おなか（おへその下あたりの丹田）に意識を集中させます。このとき肛門をきゅっと閉める動きも連動させてください。

④ふたたび完全に息を吐き切る

その後、ゆっくりとおなかをへこませながら息を出していきます。ここで

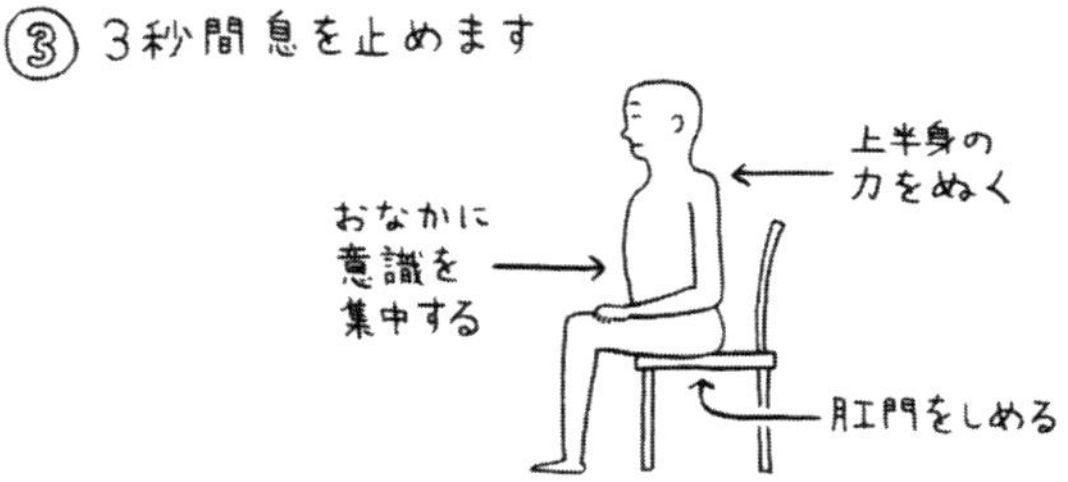
③ 3秒間息を止めます
上半身の力をぬく
おなかに意識を集中する
肛門をしめる

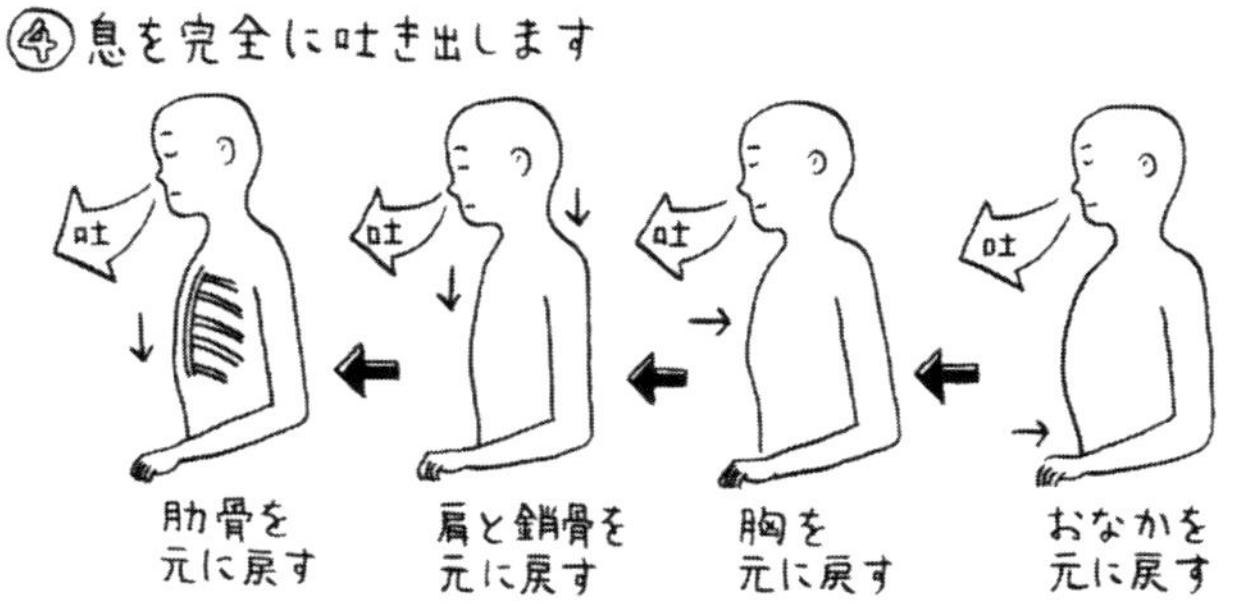
④ 息を完全に吐き出します
吐
吐
吐
吐
肋骨を元に戻す
肩と鎖骨を元に戻す
胸を元に戻す
おなかを元に戻す

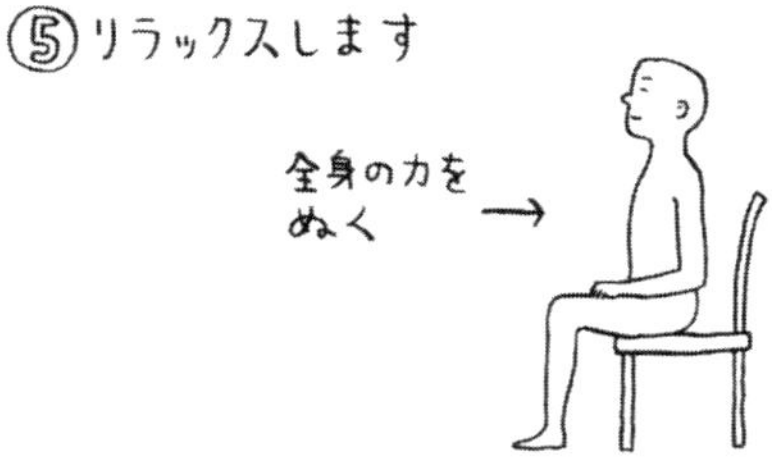
⑤ リラックスします
全身の力をぬく

大事なことは、息を吸い切るために上がっている肩や鎖骨、胸の位置をもとにもどすことです。そしておなかから息を出し切ったら胸をもとの位置にもどしながら息を出し、さらに肩と鎖骨をもとの位置にもどしながら息を出し、肋骨をもとの位置にもどしながら最後の息を出し切ります。

⑤次のサイクルへ移る

このプロセスを終えたら全身をリラックスさせ、また次の完全呼吸のサイクルに入ります。

呼吸のフィットネスを習慣化する

完全呼吸は日常的な感覚からすれば不自然な呼吸です。しかし完全呼吸によって自然な呼吸を司っている呼吸筋が鍛えられ、内臓のマッサージ効果もあります。自律神経の営みである呼吸をコントロールすることで、次第に呼吸の平均点が上がってくるのです。

腹式呼吸の感覚すらわからないほど浅い呼吸がふつうになっているビジネス社会においては、このように負荷をかけた呼吸のトレーニングが効果的な人は多いと思います。

腹式呼吸や完全呼吸を呼吸のフィットネスとしてライフスタイルに組み込んではどうでしょう。ただし呼吸筋を痛めないよう、無理のない範囲で。なんといっても肉体のフィットネスよりも1回にかける時間は、ずっと短くてすみます。ましてやジムに通う必要もないのですから、とてもコストパフォーマンスが高いのです。

呼吸を使って注意力を鍛える

ここでマインドフルネスの意味をあらためて説明すると、もっとも簡単な定義は「**注意深さ、留意**」です。少し補足すると、**いまこの瞬間に、過去や未来を気にすることなく、いっさいの評価や判断も手放して明晰な意識を保って存在していること**。

さまざまな思考や感情が私たちの心身をかき乱す要因になっていることは、これまで本書でふれてきたとおりです。どんなに高度な知識や技能をもち、経験豊富な人であっても、その乱れが、

- **過去の失敗が気になって前向きに考えることができない**
- **不確かな未来への不安に気を奪われて、現在の課題に集中できない**

・個人的に好きになれない相手の話に過剰反応してしまう

といったパフォーマンス低下をもたらします。

そうした思考や感情を抑え込むのではなく、呼吸とともに観察できるようにします。その第1ステップとして、あえて観察の対象になりにくい呼吸を、注意力を鍛えるダンベルとして使っていきます。

大事なことは、好奇心をもって観察することです。呼吸に好奇心をもつというのは、不自然に感じるかもしれません。しかし呼吸への好奇心を保つことができれば、たいていのことには注意を向けられるようになります。だから呼吸が注意力を鍛えるダンベルなのです。

呼吸を整えることで、日々の仕事や生活における注意力を高めながら、**静寂を自分の標準設定**にしていくことができます。

静寂のサイクルをまわす

呼吸に注意を向ける練習は、次の４つの基本をもとにサイクルをまわしていく実践です。

①自然な呼吸をしながら、呼吸に注意を向けていく（鼻腔の入り口、おなか、または呼吸を感じやすい身体の場所を自由に選んで。身体全体でもＯＫ）
②注意がそれたことに（しっかり）気づく
③それたこと、その雑念などを評価したり判断せず手放す
④ふたたび呼吸に注意をもどしていく

初心者は、１日５分を目安にはじめてみましょう。

細かいテクニックや工夫はいろいろありますし、指導者によっても力点の置き方が少し違ったりするかもしれません。ここでは初心者の方が静寂への扉を開けるために、できるだけシンプルに大事なポイントをお伝えしていきます（誰もが手軽に実践できるように、椅子にすわって行うことを前提に説明します）。

準備1　はじめる前に、トレーニングの目的を確認する

午後の会議前に午前中の落ち込んだ気持ちを切り替える、前日の失敗による沈んだ感情を手放すなど、具体的な目的を意識しましょう。

準備2　くつろいで集中できるようにすわる

背中を背もたれから離して、少し浅めに椅子にすわってください。そして坐骨（わかりにくければお尻の肉）と座面が接地している状態に意識を向けます。同じように両足の裏（靴の裏）と床の接地面にも意識を向けてください。目は軽く閉じるか斜め前方下に視線だけを落とす（頭が下がらないように注意）ようにしてください。

そして重心が前後左右に傾いていないか、不自然な姿勢になっていないかを身体でたしかめていきましょう。イメージとしては富士山のように雄大な山になったつもりで、どっしりと安定していられる自然な姿勢を探ってみます。

準備3　呼吸に注意を向けるための準備

まず口からゆっくりと長く息を出して、それより少し短い程度にゆっくり息を吸い込みます。息を出していくときは少し意識的に、そして息を吸っていくときは自然な身体の反応にゆだねる感じで。これを3回から5回くらいくりかえしていきます。落ち着いてきたら、息を出していくときも鼻からにしていきます。

マインドフルネスの基本プロセス①（自然な呼吸への注意）

ここから172ページに説明したプロセスに入ります。あくまで呼吸は身体にまかせて起きるままにしていきます。そして鼻腔を通過する空気の冷たさやあたたかさ、息の出入りと連動するおなかの動きなど、自由に好奇心たっぷりに呼吸を味わっていきましょう。あたかも呼吸という存在をはじめて発見したかのような新鮮な気持ちで。

呼吸は自律神経によって勝手に起きているものだという前提にもどり、呼吸法で練習したようなコントロールは手放しましょう。

マインドフルネスの基本プロセス②（雑念をキャッチ）

ほとんどの人は、ものの30秒もたたないうちに呼吸から注意がはなれ、さまざまな雑念が湧いてきます。ここで大切なことは、雑念が湧いたこと（呼吸から注意がそれたこと）と、その内容をしっかりキャッチすることです。

たとえば朝にマインドフルネスを実践していたら、昨夜の会食の様子が浮かんできたとします。そのとき、「いま、呼吸からその光景や会話に注意が向いた」――ことに、しっかり気づくということです。

マインドフルネスの基本プロセス③（雑念を手放す）

いつもいろいろなことを考えるのが人間ですから、マインドフルネスの実践中にも雑念が湧くのは当たり前です。上手に手放し、また呼吸に注意をもどしていきましょう。ところが「あっ、また雑念だ。うまくいかない。なんて集中力がないのだろう」――といったように、評価や判断という思考が生まれてきます。「あのとき取引先の○○さんに、あんな説明をしたのはまずかったかなあ……」などと、次の思考が刺激される罠が待ち受けています。

「こんなことをしていて、ほんとうに役に立つのだろうか」

「これってほんとうにマインドフルネスになっているのかな」

といった思いが出てくることも多いです。

こうした「評価や判断をしないこと」と教えられるのが通常ですが、それでもしつこく出てくるのが雑念。ここであまり完璧主義になると、「やっぱり自分はマインドフルネスに向いていない」と、評価・判断に餌をあげてしまうことになります。

ですからすこし気軽にとらえて、「雑念が湧くのはしょうがない」「雑念を評価してしまうのもしょうがない」「でもどこかでそれを手放して、また呼吸に注意がもどればOK」……くらいに思っておきましょう。

そうすれば実践しているうちに、すこしずつ呼吸に注意をもどせる回数が増えてきます。

マインドフルネスの基本プロセス④（注意を呼吸へもどす）

注意をもどしたら、ふたたび呼吸をたどっていきます。

雑念をかわいい子どもやペットだと思って接する

評価や判断をすることにもされることにも慣れているビジネスパーソンは、雑念が生じる、じゅうぶんに集中できないと思ったときなどに、マインドフルネスが頓挫しがちです。

そこでイメージしてほしいのは、あなたが大事な仕事をしている最中に、とてもかわいい小さな子どもや子犬、子猫がすり寄ってきた場面です。このとき「うるさい、あっちへ行け！」ではなく、「ごめんね、ちょっと待ってね」という感じで、やさしく受けとめてあげるでしょう。

そんなふうに**雑念に思いやりをもって接するのが、静寂に近づいていくための大事なポイントのひとつ**です。雑念もいまここに現れている必然であるばかりか、それこそが注意力を鍛えてくれるための欠かせない存在です。

私が参加したサンフランシスコでの国際カンファレンス（序章で紹介したＷｉｓｄｏｍ２・０）において、西洋を代表するマインドフルネス指導者のひとりであるジャック・コーンフィールド氏は、「よく来てくれたね、よしよし、ありがとう。ちょっと待っててね……」といった言葉で、ちょっとユーモラスに雑念から注意をもどすプロセスをガイドしていました。自分ひとりで実践するときにも、この姿勢がとても役に立つと思います。

あれこれ浮かぶ雑念をクリアな心で観察する練習

ここまで説明したマインドフルネスは、じつはまだ入り口です。呼吸を使って集中力を鍛えることで、仕事や日常生活のなかで起きること全般に気づいていく基盤をつくるのです。呼吸への集中を懐中電灯で1点を照らしているのだとすれば、全般への気づきとは部屋の明かりをつけるようなものです。

一点集中にすこし慣れてきたら、いくら集中しようとしても浮かんでくる雑念を呼吸と同じように観察する練習をしてみましょう。これはリアルなビジネススキルにつながります。「夕方までに仕上げなければならない提案書を作成しているが、あれこれほかの案件のことも気になって、なかなか専念できない」といったように、気持ちがあちこちにさまよいはじめるのが私たちの日常だからです。

ラベリングして身体で感じて、手放す

①観察の準備

まず椅子にすわって呼吸に注意を向けながら、心を落ち着かせていきます。手順は172ページのプロセスと同じです。同じようにすこし浅めに腰かけて、軽く目を閉じるか斜め前方下に視線を落とします。

細かく分けるとさまざまな手法がありますが、ここでは前述の呼吸に注意を向けるプロセスと合わせて実践する方法をお伝えします。

まずは呼吸を鼻腔の入り口やおなかなど特定の場所、あるいは身体全体で観察していきます。

②雑念をラベリングする

こうして先ほどと同じように呼吸をたどっていきますが、違うのは注意がそれたときに、すぐに呼吸に注意をもどさないことです。ふと呼吸から意識がはなれた、弱まった、雑念が湧いてきた……それがどんな内容で、身体のどこでどのように生じているかを少し観察します。

たとえば私の場合、この練習をはじめてしばらくすると、「そうだ、○○さんにメールを送らなければ」とか「昨日のセミナーで使ったスライドを見直したい」といった考えが、ふと生じてくることがあります。そのとき**「メール」「スライド修正」といったように、心のなかで雑念を特定します。これをラベリングと呼びます。**

ときにはフェイスブックで見つけた投稿への違和感がよみがえったり、前日の飲み会で盛り上がった光景が浮かんできたりすることもあります。こうしたときも「違和感」「塚田農場」（その飲み会をした居酒屋さん）といったようにラベリングします。ラベリングの言葉の選び方に制約はないので、考え込まないようにしてください。ただシンプルに、そのとき浮かんだ言葉でかまいません。

③ラベリングしたことを身体で味わう

こうしてラベリングを通して気づいた雑念を、こんどは身体のどこでどのように生じているのか感じてみます。先の私の例でいうと、「～しなければ」とか「～を忘れていた」といった仕事上の行為などは、前頭部あたりにポッと浮かんでくるような感覚があります。

とても大事なことだと、「やってない、まずいぞ……」といったフィーリングが胸のあたりを走るような気がすることもあります。

また「違和感」のような感情は直接的に身体（胸やおなかのあたり）に湧いてくるし、「塚田農場」のように、まさに店の光景がビジュアルとして飛び込んでくることもあります。

このような「いまこの瞬間」の経験を、身体感覚をもって味わってみます。

ラベリングと身体感覚とつなげた観察がじゅうぶんにできたと思ったら（むずかしく考えず自分の判断でかまいません）、そっと手放して呼吸に注意をもどします。

④開かれた心ですべてを受け取る

ここではひたすら集中することではなく、自然に起きてくるものを開かれた心で受け取り、それについて「ああだ、こうだ」と考えずに、**ただ素直に観察して手放すことに徹しています**。この練習をしていると、わずか5分、10分のあいだにどれだけ多くの雑念が生まれてくるかが、よくわかります。

これをつづけているうちに、浮かぶ思考は思考であって自分ではない、浮かぶ感情は感情であって自分ではない、ということが経験的にわかってくるのです。なぜなら、心のなかの忙しい動きを静かに見ているものが、たしかに存在しているからです。

心は乱れるもの。早くもどす力がビジネスを左右する

私自身どんなにマインドフルネスを実践していても、想定外の出来事が起きたときには心が乱れます。ほとんど決まっていた仕事が白紙にもどった、ネットで会社や自分に対する誹謗中傷を発見した、ある人に信頼して任せていた仕事を放置されていた……など。

しかしマインドフルネスの実践がなかったときと比べて、明らかに違うことがあります。それは無意識のうちに「〇〇への怒り」といったラベリングや「胸とおなかの重い感覚」といった身体的な経験を、心の乱れとともに味わっていることです。

これはほんとうにコンマ何秒の世界の経験ですが、マインドフルネスの練習として意識的に実践していることが、仕事中に現れてくるのだと思います。

131ページで紹介した「不動心」を思い出してください。

長年の修行を積んだ禅僧と経験の浅い若者。坐禅中の大きな音に驚いて脳波が乱れるのは禅僧も若者も同じです。

ところがその後、すぐにもとの静かな状態にもどっていった禅僧に対して、若者の脳波は乱れた状態がなかなかもどらなかった。

これは昨今、ビジネスパフォーマンスのキーワードのひとつになっているレジリエンス（回復力）につながる注目すべき事実だと思います。

起きないことも観察する

ここまで説明してきたマインドフルネスの実践は、文字通り「実践」によってつかんでいくものです。本を読んで完全に理解しよう、最初からうまくやろうと思う必要はありません。

理解して正しく行うことよりも、もっと大事にしてほしいことがあります。それは「**起きることにオープンでいる**」**という姿勢**です。

逆にいうと実践の大敵は、「すばらしい経験をしてやろう」という考えです。自分でなにかを取りに行こうとするとなにも得られなくなり、「いま、ここ」から遠ざかってしまいます。

身体を観察しているけれど特になにも感じない、フィーリングが湧いてくるわけでもない……。そうであったとしても、呼吸でいまこの瞬間に注意を留めていると、微妙な変化が起きてきます。

私の経験から言うと、すごい観察をしたいという思いがあるうちは受信できない些細なことが、欲望を離れると観察できるようになります。たとえば、ほんのちょっと腸のあたりで体液が動く感じだったり、なぜかふと湧いてくる胸のあたりの小さな緊張感だったり。

そもそも「なにも起きない」というのは評価や判断なので、それを手放してオープンになっていれば、どんどん静寂の扉が開いていきます。

自分に合う瞑想アプリを使う

最近は、心の静寂をつくる手助けをしてくれるアプリが登場しています。

多くの場合、ひとつのアプリで自分に合う設定ができるようになっていますし、ガイドのバリエーションも豊富です。

私がおすすめしたいものをピックアップしてみました。ただし経験や好み、なにを求めるかによって、自分に合うアプリはちがってくるので、ひとつの参考にしてください。いずれも「瞑想アプリ」に、それぞれの商品名を加えて検索したら、すぐにアクセスできます。

・雲堂

宗派を超えて僧侶らが運営するインターネット寺院『彼岸寺』がプロデュース。禅寺で修行する雰囲気が味わえ、ツイッターと連携して世界中でこのアプリを使って24時間以内に瞑想をした人の数を確認できるなど、おもしろい仕掛けもあります。日本語と英語に対応。無料。（ｉｏｓ対応）

・myalo

予防医学の第一人者である石川善樹さんや京都・花園春光院副住職の川上全龍さんらによる、まだすくない日本発の瞑想アプリ。カメラで顔を撮ることで心拍数を推定し、瞑想の前後でリラックス度を比較できるなど大きな可能性を感じさせる仕掛けもあります。日本語。無料。（ｉｏｓ対応）

・Calm

ストレス低減のための瞑想アプリ。有料で集中力を高めるための瞑想など

別のサービスもあるようです。英語のみ。（ｉｏｓ対応）

・head space

グーグル社が法人契約してマインドフルネスの研修後の実践のために社員が使用するなど、グローバルに普及しています。10日間無料で使ったあとは有料。英語のみ。（Ａｎｄｒｏｉｄ、ｉｏｓ対応）

・マインドフルネス・アプリ

Mindfulness Appの日本語版。操作がシンプルでタイマーとしても使いやすく、初心者にも中級者以上にも用途に応じて使えると思います。現在私はこれの英語版を使っています。有料。（Ａｎｄｒｏｉｄ、ｉｏｓ対応）

・5分間の瞑想

商品名どおり5分間の瞑想に特化した多言語対応の入門用アプリ。〝お急ぎで瞑想〟という表示は、ちょっと笑わせます。日本語、英語、ドイツ語、イタリア語、フランス語、スペイン語。無料。アプリ内課金。（ｉｏｓ対応）

私が理事をしているＭｉＬＩのウェブサイトには、マインドフルネスに関するたくさんの動画を用意している『ＭｉＬＩチャンネル』があります。こちらにある10分間と20分間のマインドフルネス瞑想のガイドも、ぜひ活用してください。

第5章

ハードワークの渦中でも静寂とともにいる練習

いつも静寂をポケットに入れておく

ふたたび序章で紹介した、私の大好きなガンガジの本からの引用です。

あなたの知性、肉体、そして仕事を発達させるのは有益なことですが、**意識**（**consciousness**）を発達させようとするのは大きな間違いです。どどんな発達も、意識がすでにここにあるからこそ起こります。もしあなたが意識を「発達させる」ことに懸命になり、意識はすでにそこにあることに気づかなかったなら、あなたは自分の尻尾を追いかけてグルグルと円を描き、もうすでにここにあるものを追い求め続けるでしょう。（『ポケットの中のダイヤモンド』）

静寂を「つくる」は、意図的にわかりやすく表現するためで、生まれることも消えていくこともない「もともと、ここにあるもの」が静寂だと序章で定義しました。

ポケットに手を伸ばせば、静寂はいつでも出てくるものです。

ひとりで残業をしている深夜のオフィス。やっと仕事を終えて「ふーっ」とひといきついたとき、それまで気にも留めていなかった職場の静けさが、空気の濃度を増したように自分に迫ってきます。あるいは、聞こえていなかったオフィスの時計の針の音が耳に入ってきます。

起きることはいつも変わります。

でも起きることに気づいている、という状態はいつも変わりません。

「いま、この瞬間」にちゃんと気づける自分が、いつもポケットのなかにいるのです。

そのことを知っていたら、ハードワークに奔走しながらイライラしたり、不安に駆られたり、アドレナリン全開で燃え上がっているのは「自分」ではなく、常に変化する「自分の状況」なのだとわかります。

だから、ポケットを思い浮かべてください。そこに手をやると、朝の満員電車のようになっている思考の混雑が、潮が引くように消えていくと思ってください。そして、頭を飛び交っていたものがなにもなくなった……。その感覚だけが「ある」という感覚を想像してください。

でもその感覚を、いますぐ完全に理解する必要はありません。もとより理解しようとしなくても、いつもあるのが静寂なのですから。

そして世界でいちばん忙しい人たちがマインドフルネスを実践する理由も、この感覚こそがハイパフォーマンスを守るアンカー（碇《いかり》）になることを知っているからです。

たとえ理解できなくても、静寂とともにいる練習という実践を通して、見えないところで大きな変化は起きています。脳の灰白質（神経細胞＝ニューロンの細胞体が密集している部分）の層が厚くなっていくといったように、それは科学的に検証可能なところで実際に起きているのです。

「私はわかっていない」という前提で生きる

現在の混とんとした社会を評して、よく「なにが起きるかわからない時代」という言い方をしますね。でも私は、この表現に重大な落とし穴があると感じています。「時代」について考えている瞬間、「いまここで自分に起きていること」に意識が向けられていないような気がするのです。

ほんとうは、「なにが起きるかわからない」のではなく、「いまここでなにが起きているのかを知らない」のではないでしょうか。

私は多くの経営者と接してきたなかで、「世界を知ること」について大きく2タイプに分けられると思うようになりました。

ひとつは組織内部やビジネス環境の課題について、課題を自分とつなげて内省するタイプ。ふたつめは自分のことはさておき、他者〈自分ではなく部下や組織の仕組みなど）、社会のルールやさまざまな外的状況だけを評論家的に論じるタイプです。

高く評価されつづけているリーダーの大半は、明らかに前者です。冷静に内省できるリーダーは、オープンマインドで、自分の短所や弱みを見せることができます。それは部下や外部から学ぶ姿勢をもっている、ということでもあります。

自分は全知全能ではないという当たり前のことが心の底からわかっているので、いつも「いまここで起きていること」について耳を傾け、感じ取ろうとするのです。

誰も先が見通せないような世界で生きているからこそ、「いまここにある混とん」に気づくことからはじめなければなりません。気づきこそがいま、そしてこれからのリーダーシップの鍵です。

「私はわかっていない」という前提で「いま」を観察する習慣が心の静寂を呼び起こします。

・**ビギナーズマインド（初心の心）**
・**オープンマインド（開かれた心）**
・**ヴァルネラビリティ（傷つく心）**

これら3つの心がとても大事だと思います。どんなに経験を積んでも初心の心で、起きてくることに自分を開いていく。すると自分の弱さや痛みにも出会うことになりますが、むしろその傷つきやすさを力に変えて前に進む。

3つの心は経験と実績を積むほどに失われていくことが多く、人間としての成長やリーダーシップの限界をもたらします。

私は同僚たちと従来のリーダーシップ開発の枠を超えることに挑んでいます。この挑戦のなかで強く考えていることは、**答えのない時代の答えは、無知な自分をさらけ出すところから生まれてくる**——ということです。

最初の手ごたえを味わうまで「立ち止まる」ことをつづける

無知な自分をさらけだすのは勇気がいります。

だからこそ「立ち止まる習慣」が役に立ちます。特にビジネスシーンでは忙しさに追われ、立ち止まることは敗北、できない人の象徴のように受け取られている面があります。

まず低いところに目標を置くことをおすすめします。ここまでさまざまなワークやアイデアをご紹介しましたが、どこからはじめるにせよ、**ポイントはふたつ「コツコツつづける」ことと、「手ごたえを味わう」こと**。

ただ立ち止まるだけでよい変化が起きるのをいちどでも実感できたら、持続性が高まってくる可能性が高いのです。なぜならば、ただ「立ち止まる」だけでいいのですから。

小さな変化を楽しむ

立ち止まる習慣は、さまざまな場面における心の落ち着きに反映されていきます。たとえそれが大きな利益につながるような変化でなくても、「変わったな」と実感できることは、よい習慣をつづける動機になると思います。とても些細なことですが、わかりやすい私の例をひとつご紹介します。

東京のような混雑したところで生活していると、歩道や駅の構内などを歩いている際、よく人とぶつかりそうになることがあります。反射的に左右どちらかによけようとしたら、相手も同じ側によけて、それを見てまた反射的に逆側に動いたら相手も同じように動き……そんな気まずい経験をしたことがありませんか。

友人などに聞くと「ある、ある」という人が多いのですが、私も何度も経験していきます。ところがあるとき、あの気まずい経験をほとんどしなくなっていることに気づいたのです。

ぶつかりそうになることはいまでもあります。でもその瞬間、反射的に動きそうになる自分に気づき、いったんそのまま停止して相手の様子を見ることができるようになりました。

もちろん一瞬の出来事ですが、そこでおたがいの距離と動きをはかり、スムーズに行き交えるようになったのです。

それが仕事の生産性や創造性にもつながっている——などと、因果関係を示しながら説明することはできません。でも感覚的には、どこかで影響しているような気がします。そして、こういうわかりやすい変化は、自信と意欲をキープする原動力になります。

小さな芽から大きな果実へ

心に静寂をつくることで、比較的早く生まれてくる小さな変化について、最近私たちのクライアントから聞いた話を紹介しましょう。

・いま何が大切か、物事の本質に気づくようになった。
・イラッときてもカッとなってすぐに反論せず、一拍おけるようになった。
・失敗して落ち込んでも立ち直りが早くなった。
・ダラダラと非効率な仕事をせず、メリハリがつけられるようになった。

などなど。
それって小さくない変化では？　と思うかもしれませんが、ポイントは

「〜な気がする」という感触であること。だから成果ではなく小さな変化です。でもそれが大きな成果（果実が成る、と書きますね）の前にある芽だということは、物事の道理でしょう。

これらは私自身も経験してきました。心に静寂をつくった結果として、若いときは対立したようなタイプの人とも円滑に関われるようになりました。困難なコミュニケーションを乗り越えることで、頓挫しそうな仕事を完遂したことが何度もあります。

失敗はいまでもたくさんありますが、反省はしても引きずることはなくなりました。心の静寂はストレスマネジメントの基盤になるので、自分はもとより仕事仲間や家族に与える影響も大きいと思います。チームの成長も加速します。

以前、イチロー選手が「オフは完全に休むことが仕事」と語っていました。これぞプロフェッショナルのメリハリではないでしょうか。

ちゃんと立ち止まれると、ふたたびアクセルを踏んだときの集中力は確実に

上がっています。

大事な意思決定や複雑な思考が求められる仕事（私の場合でいえば、研修プログラムの開発や準備、コーチング、執筆など）は、アクセルとブレーキの絶妙な組み合わせで進むのです。

〝今日、出てきたクセ〟を夜に思い返す

3章の心を照らす練習で、いちばん役に立ったことはなんでしょう。ここであらためて補足しておきたい大切なことがあります。それは「心」なるものが、そもそも厄介な存在だということです。

私たちは「心がスッキリ」とか「心が落ち着かない」、「心が明るくなる」、「心が暗くなる」など、なにかにつけて「心」を持ち出します。ＵＣＬＡ医

学部（精神医学）のダン・シーゲル教授は、脳＝メカニズム、関係＝人・場・状況と相対化するなかで、**心＝経験**と説明しています。

日々さまざまな経験が重なり、重なったことの影響を受けながらまた次の経験が重なっていきます。そこから「私は幸せ」だとか「私は不幸」などという認識も生まれてきますが、これはあくまで経験であって、私そのものではありません。

そこで心を照らす章では、パターンに気づくことの大切さにふれました。人はそれぞれ特有の思いクセ、感じクセがあるからです。これは過去の経験という膨大な地層のうえに出てくる土や石ころだと思えばいいのではないでしょうか。

「私はこうだ」を、「私はこうだと〝いま〟考えている」へ、意識を転換させることが肝《きも》です。そのときはじめて、クセという重しのはずれたところから真の可能性が開けてきます。

私自身のクセは、能力があろうがなかろうが〝独立独歩〟で進みたがることでした。そのクセは残っていると思いますが、「出てきた、出てきた」と気づけるようになったことは、決定的な変化でした。不思議なことに、そう気づくだけでクセがそのまま走り出すことはなくなったのです。

クセを見ている静寂が自分なのだということが、完全にではないにせよ、すこし見えるようになった気がします。

夜、静寂のなかで次のように自分に問いかけてみてはどうでしょう。

今日という日を、私は私のどんなクセと一緒に歩いただろう。
もしもこのクセに気づいて手放すことができたら、どんな違った日になっただろう。

静寂は悪いクセをやっつけて批判する場ではなく、いっさいの評価を手放して観察する場だと思ってください。よいも悪いもなくクセをそこに置くことができたら、次にそれが現れてきたとき、いままでとは違うつきあい方ができるでしょう。

ガンガジが言うように「静寂＝私」であれば、まとわりついているクセを対象化することは、ほんらい自然なことのはずです。

静寂を共有する仲間をつくる

ひとりでいるのと複数名でいるのと、あるいは大人数でいるのと、どういうときにいちばん静寂にもどっていきやすいでしょうか。一見ひとりでいる時間のようにも思えますが、必ずしもそうとはかぎりません。

たとえば、たくさんの人が集まってマインドフルネスの実践をしていると、「ひとりで実践しているときには得られない深い感覚を味わえた」などという感想をもらうことがよくあります。これは人の意識が、近くにいる人に伝染していくことが関係しているのかもしれません。ずいぶん前から心理学の研究では、人の意識が近くにいる人に伝染していくという報告が多くあります。

最近ではハーバード大学医学部、ニコラス・クリスタキス教授が著書『CONNECTED』（邦題『つながり』講談社）で、肥満や禁煙といった健康に関することも、幸福感のような精神作用も、人から人へと伝染するというリサーチを紹介しています。

職場とプライベートの時間では、まったく表情が違うだけではなく年齢まで変わったように感じられる人がいます。場がもつエネルギーや他者との関係性は、人の細胞レベルまで影響を及ぼしているのではないか――とさえ思うことがあるのです。

静寂のための仲間をつくれば、フィットネスクラブやランニングサークルと同じように、おたがいを支え合い、動機づける力になるでしょう。

ラジオ体操の感覚で呼吸を整える

私たちが企業研修でマインドフルネスのトレーニングを行ったあと、クライアントのみなさんが職場で定期的に集まって呼吸の瞑想をつづけるケースも増えています。

〝朝活〟などと称して週1で曜日を決めて行うのですが、やはり声を聞くと、「一緒に行う」ことの力を実感している様子です。初心者ばかりで大丈夫だろうか？　と不安を口にする人もいますが、4章で紹介したように瞑想をガイドするアプリやCDもたくさん出ているので、最初はそれらを使ってみてもいいと思います。

その際、時間は15分～20分くらいからはじめてみるのをおすすめします。せっかく集まったのだから5分や10分ではもったいないし、かといって30分となると慣れない人にとってはハードルが高いのです。

全社員のうち10％くらいがマインドフルネスを経験しているというグーグル社でも、日々15分～20分の時間で昼休みなどに実践しています。

同社には世界40数か所に、gPause《ジーポウズ》というマインドフルネスの実践コミュニティがあります。スタイルはとてもカジュアルで、坐布（坐禅に使う専用の座布団）を使っても椅子にすわってもよく、誰もが自由に参加できます。私も参加させてもらったことがありますが、まさに心のラジオ体操という感覚で身近に取り組めます。

グーグル社における成功要因は、概ね次のような点にあると思います。

・実践の価値をじゅうぶんに理解している人々が、自発的に牽引している。
・その自発的な活動を〝陰で〟人材開発部門がバックアップしている。
・宗教的、マニアックなものではなく初心者が気軽に参加できる。
・会場もふつうの会議室に坐布を並べるか椅子にすわって行う手軽さ（すぐ

行って、すぐもどる)。

・参加回数に応じて慈善活動への寄付が行われ、社会的な意義をもたせている。

・ときどき講演会やリトリート(62ページ参照)なども企画され、継続的に参加者の学びをフォローしている。

グーグルの参加者は口々に「集中力が上がった」「苦手な人ともコミュニケーションがとれるようになった」「問題が起きても柔軟に考えられるようになった」など、さまざまな成果を口にしています。

自分に合う〝場〟を見つける

とはいえ職場で実行するとなると、なにかきっかけが必要ですね。すぐに社内ではじめるのが自分の立場や社内環境からみてむずかしければ、まず社外のコミュニティを探してみてはどうでしょう。

弊社では都内で月に1回のアフターファイブのセミナーを実施していますし、地方での開催機会も増えています。ほかにもマインドフルネスを体験できる場がいろいろあるので、ぜひ足を運んでみてください。いくつか顔を出してみて、自分に合った場所を選ぶのもいいと思います。

こうした場では同じことに関心をもっている人たちと出会えるので、それがまた次の出会いや新たな場につながっていくことも多いです。経験者から学ぶことで、静寂のためのさまざまなヒントを得ることもできるでしょう。

すわって目を閉じて呼吸に注意を向けるというマインドフルネスだけにこだわる必要はありません。

私は写経もすごく好きなのですが、あれはまさに〝書くマインドフルネス〟そのものです。調べてみると全国各地に、写経のできるお寺がたくさんあります。

また身体面からのアプローチとしてヨガやピラティス、そのほかさまざまなボディワークから仲間づくり、場づくりをはじめるのもいいでしょう。

いずれにせよ、指南してくれる人や同じ問題意識を抱いている人たちとつながっていくことが、静寂を取りもどすための大切な力になることは間違いありません。

年に1、2回〝ブースト〟をかける

仲間づくりと並んで効果的なのは、年に1、2回くらいはどっぷりと静寂に浸る機会をもつことです。前述しましたが、**非日常の体験がほんらいの生き物としての自分を取りもどすきっかけになります**。そこで得たことをキープしたいという思いが動機になって、いちばんむずかしいひとりでの実践を支えてくれるのです。

より多くの人が静寂を取りもどすために、私は方法については広くとらえておきたいと思っています。たとえば1章で紹介したようなSTOPPINGの計画は、静寂のための貴重なブースト（パワーをぐんと引き上げること）になるでしょう。

カオスのなかにある静寂に気づく

〝ブースト〟を経験すると、ほぼ例外なくそのあとに待ち受けているのは、日常生活とのギャップです。たとえば大自然から東京のど真ん中にもどってきたとき、地下鉄の人混み、首都高の渋滞、歩道を歩くと聞こえてくるパチンコ店のけたたましい音、鳴り響くサイレン……など、静寂と対照的のうるささが待ちかまえています。

試しに右に挙げた状況からひとつ選んでください。そして、自分がそこにいることを想像してください。

私は、いちばん苦手なパチンコ店の開いたドアのなかから聞こえてくる猛烈な音を想像しています。耳に入ってきた突然の音は、私の胸に少し重みを伴う淀んだ波のような感覚をもたらします。別の高周波の音が混ざりあい、鼓膜に反響して脳に不快な振動を伝えていくかのようです。

しばらくそこに立っていると、おそらく何百ものパチンコ玉が釘に弾かれる音が私の脳全体を覆い、内臓のあたりに胸の重みが広がってきます。そのうち動悸の高鳴りが感じられ、わずかに息が浅くなったような気がします。

「ノイズにハイジャックされそうになっているぞ」

身体を通してこの状況に気づき、ゆっくりと息を吐きます。そして吐いた勢いにまかせて息を吸います。

静寂が心地よい状態とはかぎりません。いまどうなっているかに気づいている状態、いつも変わらずここにある気づき。それが静寂です。**静寂は快適さも不快さも超えた大きな自己そのものです**。

最後にもういちど、『ポケットの中のダイヤモンド』からの引用です。

あなたの理性は、理性の活動について、またはどうすれば活動を止《や》められるかについて、忙しく考えているかもしれません。でもそれはみな、どんな状態でもない存在、つまり静寂そのものの中で起きています。

仲間の力やブーストによって得られた気がする静寂。でもそれは、他者や環境を通して自分を実感しているだけのことです。

いつも「ここ」にあるのだと信じて「いま、この瞬間」を生きていれば、どんなカオスのなかにも、予測不能な未来を生きる過程にも、静寂は間違いなく存在しています。

おわりに

マインドフルネスという言葉があちこちで使われるようになってきたことに、内心、私は不安を感じています。自分が言葉の広がりの片棒をかついでいるにもかかわらず。

マインドフルネスを自分や組織に役立てようと一生懸命になると、またひとつ新しい知識をインプットして忙しくなるだけ。世界は何も変わらない。そんな危惧を抱いているのです。

本書を書くにあたって最初に浮かんだのは、SPACE《スペース》という概念でした。なにもしない、なにも考えない空間をもつ。空白と言い換えてもよいと思います。ぎゅうぎゅう詰めになった思考から解放された圧倒的な広がり、そこにある自由と創造の可能性。

たしかなSPACE《スペース》をつくることで、マインドフルネスは情報から地に足をつけた実践に変わってくるのではないかと感じました。

ビジネスにおけるＳＰＡＣＥ《スペース》は、目の前にある問題を解決するための新しい方法だけではなく、問題の中身を問い直すことを支えます。いままでと同じ目的地に向かうルートマップをつくるより、目的地を問い直すには時間がかかるからです。そのためには圧倒的なＳＰＡＣＥ《スペース》が必要です。


ＳＰＡＣＥ《スペース》という概念を探求するうちに、これまでの思考の枠組みをはずして考えることで生じる混乱や不安、浮かんできたアイデアを実行することへの抵抗が、誰にとっても避けられないものではないかと思うに至りました。

机上の概念として見ているうちは好ましいものでも、実践段階におけるＳＰＡＣＥ《スペース》は、安定した領域にとどまりたい生き物としての人間を不安定にさせるかもしれません。実際、ＳＰＡＣＥ《スペース》のない窮屈な世界で、慣性の法則にしたがうように私たちは考え、働き、次の判断を下していることが多いのではないでしょうか。案外、ＳＰＡＣＥ《スペース》のない世界は心地よいのかも。

しかし生命力にあふれた組織はSPACE《スペース》を大事にしています。その事実を、もういちど掘り下げてみました。

なにが正しくて、なにが間違っているのか。早く正しい判断をしようと先を急ぐのを停止して、ただひたすら吟味していく。その在り方を本書は提案しています。**問題解決ではなく、ほんとうの問題に気づく力を養うのです。**

丁寧に注意を向けていくと、SPACE《スペース》がいままで気づいていなかったことで彩られてきます。見ている対象がクリアになってきて、いったい誰がそれを見ているのだ？　という不思議な気づき、問いが芽生えてきます。

たとえ一瞬でも、この体験をすると自己認識が変わります。

生まれては消えていく頭のなかの物語と、物語に気づいているほんとうの自分がいるということがわかるからです。

「そうか」「そういうことか」と腑に落ちたとき、心がどんなに騒がしくても静かでも、変わることのない静寂に出会います。それがSPACE《スペース》を通して思い出す静寂（STILLNESS）です。

複雑で先行きの見通せない世界において、いつも思いどおりの結果を出すためのスキル、などというのは幻想です。予想外の結果も正確に見つめ、建設的に受け入れ、「いま」に焦点を合わせる。これが現実的なスキルです。

リーダーがこのスキルを身につけ、それが組織に広がっていくとき、必ず世界は良い方向に変わっていくと信じています。

世界的に成功や幸福の意味が問い直され、企業の社会的責任が当然のこととされ、効果的な利他主義といった考え方が広がる昨今。大げさな言い方に思われるかもしれませんが、静寂のスキルが世界をより良い方向に進めていく力になる。そんな思いを、みなさんと分かち合えることを願っています。

２０１６年５月吉日

吉田　典生

吉田典生

［よしだ・てんせい］

三重県伊勢市生まれ。生家は伊勢神宮（外宮）からほど近く、
幼少期は祖母に連れられて毎日、境内で遊んでいた。
関西大学社会学部卒業後、
ビジネス情報誌・人事・経営専門誌の編集記者を経て独立。
1000名を超える経営者、ビジネスリーダーの取材から、
「人がそれぞれの能力を開花させ、ほんとうに輝く組織づくり」への探求をはじめる。
その過程で行動心理学や組織開発の学習はもとより、
精神性が実社会に及ぼす影響についても関心を深めていった。
1990年にTM瞑想に出会ったのを機に、
多種多様な瞑想を日常のワークとして実践するようになる。
2000年に（有）ドリームコーチ・ドットコムを設立。
主に経営者、起業家のリーダーシップと組織づくりを支援する
エグゼクティブコーチングでは、日本における草分けの一人として活躍。
「誰もが自分にとって大切な深い気づき、望ましい変容を起こすには？」という
課題を抱えながら仕事をするなかで、
瞑想を通した内省の力、開放的なマインドの醸成が大きな鍵になることを確信する。
2013年に志を同じくする仲間と
一般社団法人マインドフルリーダーシップインスティテュート（MiLI）を設立。
これまでの組織開発やコーチングの知見と神経科学や身体心理学を融合させ、
ボディ・ハート・マインドを統合したリーダーシップ基盤を開発するセミナー、
企業向けプログラムの開発に取り組んでいる。
著者に、『なぜ、「できる人」は「できる人」を育てられないのか？』（日本実業出版社）
などがある。

心に静寂をつくる練習

The Power of Stillness For Business Person

2016年6月17日　第1版第1刷発行

著者　──　吉田典生［よしだ・てんせい］

発行者　──　玉越直人

発行所　──　WAVE出版
〒102-0074　東京都千代田区九段南4-7-15
TEL：03-3261-3713　FAX：03-3261-3823
振替　00100-7-366376
E-mail:info@wave-publishers.co.jp
http://www.wave-publishers.co.jp/

印刷・製本　──　光邦

NDC159　223p　19㎝　ISBN978-4-86621-001-8